Spalierobst im Garten

blv

Sorten I Pflege I Schnitt

HEINRICH BELTZ

Was Sie in diesem Buch finden

Einleitung und geschichtlicher Hintergrund

In der Geschichte der Menschheit spielt die Landwirtschaft eine grundlegende Rolle, auch dem Obstbau kommt dabei eine wichtige Bedeutung zu.

Faszinierendes Formobst

Warum soll man sich die Mühe machen, durch Schnitt- und Bindemaßnahmen junge Obstbäume zu Formobst zu erziehen und in dieser Form dann weiter durch regelmäßigen Fruchtholzschnitt zu erhalten? Die Erntemenge wird dadurch nicht gesteigert, denn wer möglichst viele Früchte mit möglichst wenig Aufwand ernten will, pflanzt besser einen Hochstamm.

Das Ziel des Spalierobstbaus ist vielmehr die Erziehung und die Pflege selbst, kombiniert mit dem Zierwert eines Formobstgehölzes und mit der Ernte besonders wohlschmeckender Früchte als zusätzlichem Nutzen. Denn die Anzucht und die Pflege einer Palmette, eines Schnurbaumes oder auch nur eines einfachen Fächerspaliers erfordern viel Einfühlungsvermögen in die Lebensvorgänge eines solchen Baumes, und sie bieten die Gelegenheit, zu lernen sowie Erfahrungen zu sammeln. Formobstschnitt ist eine Herausforderung, die mit etwas Geduld und Interesse an den Pflanzen von jedem Gartenliebhaber gut zu meistern ist.

Mir selbst steckt das Interesse am Formobstschnitt wohl im Blut, denn schon mein Großvater erlernte ihn 1896 am Pomologischen Institut in Reutlingen und gab seine Kenntnisse Anfang der 1930er-Jahre an seinen Sohn weiter, meinen Vater. Der wiederum zog mit mir zusammen 50 Jahre später Formobstbäume im Garten an und zeigte mir die erprobten Tricks und Kniffe, die dafür nötig sind. Seitdem hat mich die Faszination dieser Pflanzen nicht mehr losgelassen.

Formobst auch für Neulinge

Ich kann nur jedem Menschen, der sich für Obstgehölze interessiert, empfehlen, sich mit Formobstschnitt zu befassen. Für Anfänger eignen sich von Baumschulen vorgefertigte Doppel-U-Formen sowie selbst gezogene waagerechte oder schräge Palmetten. Mit etwas mehr Erfahrung kann man sich aber auch schnell an die verschiedensten U-Formen wagen, und mit noch mehr Zeit und Geduld sind selbst Becherformen oder Flügelpyramiden zu bewältigen. Wer es dagegen ganz einfach haben möchte, kann mit den handelsüblichen Säulenapfelbäumen fast ohne Schnittaufwand elegante Schnurbäume anziehen.

In diesem Buch versuche ich, die Schnittmaßnahmen für Formobst einerseits so umfassend wie nötig, andererseits aber so einfach und verständlich wie möglich darzustellen. Mit einer Mischung aus aktuellen, praxisnahen Informationen hoffe ich, gleichermaßen Anfängern wie fortgeschrittenen Gartenliebhabern und -liebhaberinnen eine Hilfe an die Hand zu geben, um bei der Auswahl, der Erziehung und der Pflege von Formobstbäumen erfolgreich zu sein und daran so viel Freude zu haben wie ich.

Mein herzlicher Dank gilt allen Fachleuten, die mit ihren wertvollen Hinweisen und mit der Bereitstellung von Fotos bei der Erstellung dieses Buches geholfen haben. Ganz besonderer Dank für seine fachliche Beratung gebührt Herrn Dr. Dankwart Seipp.

Am Anfang war der Sämling

Die Kultur von Obstbäumen hat eine sehr lange Tradition. Nachdem die Menschen zunächst Früchte von wild wachsenden Bäumen gesammelt hatten, fingen sie irgendwann an, Samen von Bäumen, deren Früchte besonders schmackhaft waren, gezielt auszusäen. Sie werden enttäuscht gewesen sein, dass die Früchte der Sämlinge sehr unterschiedlich schmeckten und nicht unbedingt so gut wie von den Mutterbäumen. Daher begann man, »Ableger« zu machen, also sie vegetativ zu vermehren, sodass die Früchte die gleichen Eigenschaften aufwiesen wie die der Mutterpflanzen. Triebe von Kern- und Steinobstbäumen lassen sich aber schwer bewurzeln, sodass unsere Vorfahren begannen, Zweige (Reiser) von guten

Sorten auf Sämlingen zu veredeln. Das geschah damals noch nicht in Gärtnereien oder Baumschulen, vielmehr betrieben Bauern einen kleinen Nebenerwerb als »Baumpelzer« (pelzen = veredeln), die in Gärten stehende Sämlingspflanzen veredelten.

Die Entdeckung schwach wachsender Unterlagen

Manche dieser Bauern spezialisierten sich, besonders im stadtnahen Bereich, auf Gartenbau und zogen nicht nur zum Eigenverzehr Obst und Gemüse an, sondern verkauften es auf den Märkten. Vermutlich waren es solche

Dieser hochstämmige Apfelbaum trägt reiche Ernte, aber die Qualität der Früchte ist nicht mit der von Formobstbäumen zu vergleichen.

Gärtner, die im 17. Jahrhundert herausfanden, dass man schwach wachsende Apfelbäume anziehen kann, die schon nach 2–3 statt 10–15 Jahren Früchte liefern, wenn man sie auf vegetativ vermehrte, schwach wachsende Unterlagen veredelt statt wie bis dahin auf Sämlinge. Am schnellsten trugen die Bäume auf Paradies-Äpfeln, etwas später die auf Doucin-Äpfeln. Gleichzeitig blieben die Kronen auf Doucin-Äpfeln etwas kleiner als auf Sämlingen und auf Paradies-Äpfeln noch kleiner. Ähnliche Effekte erzielte man bei Birnen, wenn man sie auf Quitten statt auf Birnensämlinge veredelte.

Jean-Baptiste de La Quintinie, der Schöpfer des Küchengartens von Schloss Versailles, setzte Formobst in großem Stil ein.

Wohlschmeckende Früchte waren zu dieser Zeit recht gut bezahlt, da der Transport über weite Strecken teuer war und die Qualität dabei leicht litt. Daher mussten sich die Gärtnereien Mühe geben, möglichst früh gutes Obst zu liefern und konnten auch einen Aufwand betreiben.

Spalierobst in Versailles

Als der französische »Sonnenkönig« Ludwig XIV in der zweiten Hälfte des 17. Jahrhunderts das damals wie heute wohl prunkvollste Schloss Europas in Versailles auszubauen begann, war dem für den Nutzgarten zuständigen Baumeister Jean-Baptiste de La Quintinie (1624–1688) bewusst, dass der Standort für Gartenbau sehr ungünstig war, denn die Flächen waren nass und verhältnismäßig kühl. Als Gegenmaßnahme wurde Erde aufgeschüttet und man baute Mauern, um besonders im Frühjahr und Spätsommer die Wärme einzufangen. An diese Mauern pflanzte man Weinreben und Obstbäume, vor allem Pfirsiche und Birnen. Damit die Sonne mit ihrer Wärme die Früchte gleichmäßig erreichen konnte und diese möglichst wenig von Blättern und Zweigen beschattet wurden, schnitt man die Obstbäume, ähnlich wie bei Weinreben schon üblich, zu Spalierformen mit gleichmäßigen Abständen zwischen den Tragästen. Durch das waagerechte Anbinden der Seitenzweige bildeten sich an ihnen schneller Blütenknospen und Früchte. Zunächst handelte es sich – neben Fächerformen – hauptsächlich um waagerechte Palmetten mit horizontal ausgerichteten Seitenästen, aber auch Armleuchterpalmetten mit einem waagerechten Hauptast und daraus entspringenden senkrechten Tragästen wurden geformt. Von diesen Pflanzen konnte dann der königliche Küchengarten (Potager du Roi) schon sehr früh zu Saisonbeginn Früchte mit bestem Geschmack und Aussehen ins Schloss liefern.

Die Pomologie kommt in Mode

Von solchen königlichen und fürstlichen Gärten ausgehend, verbreitete sich der Formobstschnitt besonders von Frankreich und den angrenzenden niederländischen, später zu Belgien gehörenden Gebieten in die anderen Teile Europas. Viele der Fachbegriffe wie Cordon, Palmette oder Pinzieren (Entspitzen) stammen daher aus dem Französischen. Nach den Wirren der Französischen Revolution und den folgenden Napoleonischen Kriegen erblühte die bürgerliche Gesellschaft und entfaltete auch in den deutschen Staaten eine Leidenschaft für die

Pomologie, die Wissenschaft des Obstbaus, vor allem des Kernobstes. Neben dem Interesse an Obstsorten beschäftigte man sich intensiv mit der Anzucht und Pflege von Obstbäumen und in diesem Zusammenhang auch mit Formobst. Wegweisende Pomologen wie Eduard Lucas (1816–1882) in Reutlingen gründeten Obstbauschulen, auf denen der Obstbaumschnitt in jeder Manier gelehrt wurde.

Hochblüte des Formobstes

Dem Formobstschnitt widmete sich besonders der Franzose Nicolas Gaucher (1846–1911), der in der zweiten Hälfte des 19. Jahrhunderts nach Württemberg zog und in Stuttgart eine Schule für Obstbau gründete, mit der auch eine Baumschule verbunden war. Außerdem veröffentlichte er wegweisende Fachbücher zum Schnitt von Obstbäumen, auch dem Formobst. So entwickelte die vor allem aus Frankreich stammende Kunst des Formobstschnitts in Deutschland ihre Hochblüte zwischen der

Apfelspalier in voller Blüte im Küchengarten von Schloss Versailles. Seit über dreihundert Jahren werden dort solche Formobstbäume kultiviert.

Mitte des 19. und dem Beginn des 20. Jahrhunderts. In vielen Haus- und Kleingärten waren in dieser Zeit die Gemüsebeete von waagerechten Schnurbäumen umsäumt, an Haus- und Grundstücksmauern standen Palmetten verschiedenster Arten. Besonders begeisterte Pomologen widmeten sich sogar frei stehenden, dreidimensionalen Becherformen oder Flügelpyramiden. Aus waagerechten Palmetten und Kandelabern wurden neue Formen wie die Verrier-Palmette und später die Doppel-U-Form entwickelt. Der französische Gartenbaulehrer Louis Lorette erfand schließlich Anfang des 20. Jahrhunderts die nach ihm benannte Fruchtholzschnittmethode, die arbeitssparender war als die vorher üblichen.

Formobst in der Nachkriegszeit

Erst als nach dem Ersten Weltkrieg die Zeiten schlecht waren und die jüngeren Menschen sich von der bürgerlichen Kultur der Kaiserzeit mehr und mehr abwendeten, ließ auch das Interesse für den Formobstschnitt nach. Nach dem Zweiten Weltkrieg fiel dann der Formobstschnitt bei den Gartenbesitzern sogar fast völlig in Ungnade.

Wenig Obst im Garten

Als Symbol einer vergangenen Zeit des Bürgertums verhöhnte Erich Kästner 1952 den Formobstschnitt in einem Chanson mit den Worten:

Im 19. Jahrhundert erlebte die Verzierung von Hauswänden mit Formobstspalieren eine Blüte, wie auf diesem Stich von Nicolas Gaucher dargestellt.

»Der Weg vom Spalierobst zum Exerzierobst ist nur eine Frage der Führung«, und rückte damit den Formobstschnitt in eine Ecke mit reaktionärem Militarismus. Die Begeisterung für die Pomologie und den Obstbau war in der jungen Bundesrepublik beim Privatmann gering, der lieber dem modernen, pflegeleichten Ziergarten mit Rasen und Koniferen zustrebte.

Spindelbüsche im Erwerbsobstbau

Gleichzeitig trat im Erwerbsobstbau eine Wende ein. Während vor dem Krieg die meisten Obstplantagen wegen der einfacheren Pflege mit stark wachsenden Hoch- und Halbstämmen bepflanzt waren, ein kleinerer Teil aber vor allem in unseren Nachbarländern auch mit einfachen Spalierformen, wurde in den Fünfzigerjahren des 20. Jahrhunderts der Spindelbusch propagiert. Denn dieser lieferte Früchte bester Qualität, die ohne Leitern leicht und schnell zu pflücken waren, und ließ effektivere Pflanzenschutzmaßnahmen zu als in Hochstammanlagen. Gleichzeitig erforderte er nicht so viel Schnittaufwand wie ein Formobstspalier. So verschwanden nach und nach zusammen mit den Hochstämmen auch die Palmetten langsam aus dem Erwerbsobstbau, ebenso wie aus den Haus- und Kleingärten.

Die neue Lust an Obstbäumen

Seit einigen Jahren wächst das Interesse an der Pomologie wieder deutlich. Alte Obstsorten werden wiederentdeckt, gleichzeitig kommen außergewöhnlich viele interessante Neuzüchtungen auf den Markt. Aber auch das Interesse an den Schnittmethoden erwacht bei vielen Gartenliebhabern. Denn in den meisten Regionen ist Bauland so teuer, dass die Grundstücke klein sind und sich für stark oder mittelstark wachsende Obstbäume in Hoch- oder Halbstammform nicht eignen. Eine Alternative bieten einerseits die pflegeleichten Säulen- und Zwergobstsorten und andererseits auch die Spalierformen. Sie können Hauswände begrünen oder statt Hecken die Grundstücksgrenzen bilden. Darüber hinaus bietet ihre Pflege das Erlebnis, die Bäume in dekorative Formen zu leiten und dabei ihre faszinierenden Wachstumsvorgänge besser kennenzulernen.

Formgehölze in Parkanlagen

Während es in öffentlichen Parks eine Vielzahl an Sammlungen von Rosen, Stauden oder Gehölzsortimenten zu bewundern gibt und Formgehölze in den letzten Jahren ebenfalls eine breitere Verwendung gefunden haben, sind Sammlungen von Formobstbäumen sehr dünn gesät. Das hat mehrere Gründe: Einer ist der hohe Arbeitsaufwand für die regelmäßigen Schnitt- und Pflegemaßnahmen, ein anderer sind aber vermutlich leider auch die Schäden, die durch Besucher angerichtet werden, wenn sie Früchte abreißen und dabei das Fruchtholz beschädigen. Die große Sammlung in Schloss Gaasbeek ist daher auch nicht öffentlich zugänglich, sondern kann nur im Rahmen von Führungen besichtigt werden. Aber es gibt doch einzelne Sammlungen in Parks sowie viele kleinere Formobstanlagen, die durchaus sehenswert sind. Deshalb folgt hier eine Auflistung europäischer Parks mit Formobstgehölzen, jedoch ohne Anspruch auf Vollständigkeit.

Berühmte Sammlungen

Eine der wohl größten und schönsten Sammlungen von Formobstbäumen befindet sich im
Küchengarten (Potager du Roi) von Schloss Versailles bei Paris, der direkt neben dem berühm-
ten Barockgarten liegt. Hier stehen sehr alte wie
auch jüngere Bäume in den verschiedensten
Formen, von Schnurbäumen über Palmetten
bis zu dreidimensionalen Pyramidenformen.
Gepflegt von Schülerinnen und Schülern der
dortigen Gartenbauschule, säumen sie wie früher Beete mit erlesenen Gemüsesorten und
setzen so die traditionell gepflegte Kunst des
Formobstschnittes in diesem Park fort. Ganz
in der Nähe, mitten in Paris, liegt ein weiterer
sehenswerter Park mit Formobstbäumen, der
Jardin du Luxembourg.

Schloss Gaasbeek

Eine sehr interessante jüngere Anpflanzung
unterschiedlicher Spalierobstformen ist im
Museumsgarten neben dem Park von Schloss
Gaasbeek südwestlich von Brüssel zu finden.
Außer den traditionellen Formen sind hier auch
weniger gebräuchliche Formen wie Zirkel,
Quadrat oder wellenförmige Schnurbäume zu
bestaunen. Und sogar Quitten, Kirschen und
andere Obstarten stehen an den Spalieren.
Es soll sich um die größte Sammlung dieser
Art in Europa handeln. Allerdings ist der Museumsgarten im Gegensatz zum Park nicht frei zugänglich, sondern kann zum Schutz der Bäume
nur in geführten Gruppen betreten werden.
Die Führungen sind kostenlos, müssen aber
langfristig angemeldet werden (www.Kasteel-
vangaasbeek.be).

Im Park von Heale House ist dieser Laubengang aus waagerechten Palmetten von Apfelbäumen zu
bewundern, der einen Grasweg mit Staudenrabatten beschattet.

Kleinere Schaugärten mit Formobstbäumen

Alle weiteren mir bekannten Sammlungen von Formobstbäumen sind deutlich kleiner. So befindet sich z. B. in Buitenpost westlich von Groningen in den nördlichen Niederlanden im botanischen Garten De Kruidhof eine große Sammlung von Apfelsorten, die meist als waagerechte Palmetten gezogen sind. In den Beispielgärten von Appeltern zwischen Nijmegen und 's-Hertogenbosch in den Niederlanden ist in die unterschiedlich gestalteten Gartenanlagen eine beträchtliche Zahl von verschiedenen Spalierobstformen einbezogen. Außerdem sollen im Parc de Mariemont (Belgien) sowie im Jardin Vauban in Lille (Frankreich) sehenswerte Formobstbäume zu besichtigen sein.

In Südwestengland sind interessante Formobstbäume in den bekannten Lost Gardens of Heligan und im Park von Heale House zu finden.

Sammlungen in Deutschland

Formobst ist in den deutschen Parks noch wenig anzutreffen. Einige sehr alte und sehr große, eindrucksvolle waagerechte Palmetten stehen im Garten von Schloss Weilburg. Eine neure Pflanzung mit Birnenspalieren sowie Hochstämmen mit kesselförmigen Kronen wurde im Hofgarten der Würzburger Residenz angelegt. In der ehemaligen Benediktinerabtei Seligenstadt bei Aschaffenburg schmücken die Mauern des Klostergartens große Verrier-Palmetten. In Norddeutschland wird im Park der Gärten in Bad Zwischenahn ein Spalier mit Apfelbäumen in unterschiedlichen Formen gezeigt.

Diese beeindruckend großen waagerechten Palmetten von Birnbäumen, die vermutlich auf Sämlingsunterlagen veredelt sind, stehen im Schlossgarten von Weilburg.

Allgemeine Grundlagen und Regeln

Die Regeln, nach denen sich die Wachstumsvorgänge der Pflanzen richten, bilden die Grundlage für die Erziehung und die spätere Pflege der Formobstbäume. Sie und die allgemeinen Grundlagen des Schnittes werden hier beschrieben.

Veredlungsunterlagen und Wachstumsstärke

Anders als viele andere Zier- und Nutzpflanzen, die man über Aussaat oder Stecklinge vermehrt, werden Obstbäume üblicherweise veredelt. Einerseits fallen die meisten Obstarten nicht samenecht aus, das heißt, Sämlingspflanzen bringen andere Früchte hervor als die Mutterpflanze. Andererseits lassen sie sich schlecht vegetativ, also durch Stecklinge oder Steckholz, vermehren. Der Hauptgrund für die verhältnismäßig arbeitsaufwendige Methode der Veredlung ist allerdings, dass durch die Wahl der Veredlungsunterlage die Wuchsstärke und andere Eigenschaften des Obstbaumes beeinflusst werden können. Daher werden auch heute noch fast alle Obstbäume veredelt, obwohl mit modernen Methoden eine vegetative Vermehrung durch Steckling, Steckholz, Abriss oder Gewebekultur in vielen Fällen möglich und auch wirtschaftlich wäre.

Veredlung – nicht nur für Spezialisten

Bei Obstbäumen herrschen zwei Veredlungsmethoden vor: die Okulation im Sommer und die Kopulation im Winter. Bei beiden Methoden wird das Edelreis beziehungsweise bei der Okulation eine Knospe des Edelreises mit der Unterlage verbunden und verwächst zu einer Pflanze. Das Edelreis bildet später den Stamm und die Krone des Obstbaumes, ist also die Sorte, die schließlich die Früchte liefern soll.

Nach dem Verwachsen mit dem Edelreis entfernt man alle Triebe der Unterlage, sie bildet die Wurzel des Obstbaums und ist maßgeblich an seiner späteren Wuchsstärke beteiligt. Meist wird die Veredlung in etwa 20 cm Höhe durchgeführt. Dadurch bildet die Unterlage noch einen sehr kurzen Stamm, sodass die Veredlungsstelle nicht in den Erdboden kommt. Hier könnte sie mit der Zeit eigene Wurzeln bilden, die wachstumshemmende Wirkung schwach wachsender Unterlagen würde überbrückt, und der Baum stärker wachsen als erwünscht. Die

Solch eine Wulst ist bei einer Veredlungen auf eine schwach wachsende Unterlage normal und kein Grund zur Sorge.

MEIN RAT

Da die verwendete Unterlage einen wichtigen Einfluss auf das spätere Wachstum der Pflanze hat, ist sie normalerweise auf dem Sortenetikett eines Obstbaumes in der Baumschule oder dem Gartencenter neben dem Sortennamen genannt.

Veredlungsstelle kann besonders bei schwach wachsenden Unterlagen eine dicke Wulst bilden, die unschön aussieht, aber harmlos ist.

Unterlagen der Kernobstbäume

Den Obstbaumschulen, die die Bäume veredeln, stehen sehr viele unterschiedliche Unterlagen zur Verfügung. Die traditionellen Unterlagen konnten das Wachstum der aufveredelten Sorten nicht bei allen Obstarten bremsen. Nur bei Apfelbäumen ist schon seit langer Zeit die Unterlage M 9 auf dem Markt, die vom 'Gelben Metzer Paradiesapfel' abstammt und schwaches Wachstum induziert. Außerdem haben mittelstarke Unterlagen beim Apfel, wie z. B. M 4 aus dem 'Gelben Doucin-Apfel' oder MM 106 und bei der Birne (Quitte A) eine lange Tradition.

Neue Unterlagen für Steinobstbäume

Beim Steinobst (Kirschen, Pflaumen etc.) kannte man früher nur stark wachsende Unter-

lagen, aber seit etwa 50 Jahren werden Unterlagen für den Erwerbsobstbau gezüchtet, die ähnlich wie der M 9 beim Apfel schwachen Wuchs induzieren sollen, sodass die Früchte in Obstplantagen ohne Leitern gepflückt werden können und Pflegemaßnahmen leichter durchzuführen sind.

Einige der erfolgreichsten Unterlagen aus diesen Züchtungslinien sind bereits seit über 20 Jahren auf dem Markt. Das klingt nach einem langen Zeitraum, ist für Obstgehölze

Deutlich erkennbar sind die Wildtriebe der Veredelungsunterlage Quitte A, die regelmäßig entfernt werden müssen.

Veredlungsunterlagen

Wuchs	Apfel	Birne	Kirsche	Pflaume
sehr schwach	M 27		GiSelA 3	
schwach	M 9 J 9 M 26 B 9	Quitte C	PHL-C GiSelA 5	Pixi
mittel	Supporter 4 (Pi-80) MM 106 P 14 M 7 M 4 MM 111 M 11	Quitte A Quitte BA-29 Pyrodwarf	GiSelA 6 Maxma 14 PiKu 1	Wavit (Prudom) WaxWa Wangenheims- Sämlinge St. Julien A GF 655/2 St. Julien Wädenswil
stark	A 2 M 25		Colt Sämlinge: Alkavo Limburger	
sehr stark	Sämlinge: Bittenfelder Grahams Jubiläum Antonowka	Sämling: Kirchensaller Mostbirne	F 12/1	Myrobalanen- Sämlinge Ackermann GF 8/1

aber noch nicht viel. Aus dem Erwerbsobstbau liegen schon Erfahrungen vor, sodass in Obst-

MEIN RAT

Gelegentlich treiben aus der Unterlage von Kernobstbäumen am Wurzelhals oder auch aus den Wurzeln sogenannte Wildtriebe aus. Sie müssen regelmäßig möglichst nahe an ihrer Entstehungsstelle abgeschnitten und entfernt werden, da sie sonst das Wachstum der aufveredelten Sorte schwächen.

plantagen Empfehlungen für Schnitt und Pflege solcher schwächer wachsenden Bäume gegeben werden können. In privaten Hausgärten stehen aber noch nicht viele dieser Bäume, und beim Formobstschnitt hat man kaum Erfahrungen mit ihnen. Die meisten Baumschulen bieten sie aber an, und auch über die Gartencenter halten sie allmählich Einzug in die Gärten. Steinobstbüsche auf den neuen schwach wachsenden Unterlagen haben in kleinen Gärten wegen ihres geringen Platzbedarfs von 2,50 × 2,50 m ihre Berechtigung. Außerdem bieten sie sicher auch für die Verwendung als Formobstbäume interessante Möglichkeiten, wobei eigene Erfahrungen noch fehlen.

Wachstumsgesetze und Schnittmaßnahmen

Um die Reaktion von Obstbäumen auf Schnitt- und Bindemaßnahmen besser abschätzen zu können, ist es hilfreich, über Grundkenntnisse in ihren Wachstumsvorgängen zu verfügen.

Die Bedeutung von Pflanzenhormonen

Das Wachstum von Gehölzen wird durch Pflanzenhormone bestimmt, die über Austrieb, Blattfall und andere Wachstumsvorgänge entscheiden. Wenn im Frühjahr die Temperaturen ansteigen, öffnen sich die Knospen der Triebe, sodass die jungen Zweige austreiben. Die Wurzeln werden dann ebenfalls aktiv, und ihre Spitzen fangen an zu wachsen. In den Wurzelspitzen bilden sich Wachstumshormone (Cytokinine), die mit dem Saftstrom im Holzteil der Pflanze (Xylem) nach oben transportiert werden und dort den Austrieb fördern. Bildlich gesprochen könnte man sagen, sie geben die Nachricht: »Unten ist alles in Ordnung, die Triebe können wachsen.«

Im Gegenzug werden in allen jungen Pflanzenteilen, besonders in den Triebspitzen, Auxine, ebenfalls Pflanzenhormone, gebildet, die mit dem Saftstrom über ein Leitungssystem zu den Wurzeln transportiert werden, ihr Wachstum fördern und ihnen das Signal geben: »Oben ist alles in Ordnung, die Wurzeln können wachsen.«

Winterruhe

Im Laufe der Alterung bilden die Blätter Abscisinsäure, die das Wachstum hemmt; bildlich gesprochen ist sie das »Bremspedal der Pflanze«. Sie sorgt dafür, dass das Wachstum abschließt und zum Winter das Laub abgeworfen wird. Durch den Einfluss von Kälte wird die Abscisinsäure langsam abgebaut, bis die Pflanze im Spätwinter wieder bereit ist, auszutreiben.

Gegenspieler der Abscisinsäure sind die Gibberelline. Das sind Hormone, die in jungen Trieben und Früchten gebildet werden und deren Wachstum fördern. Sie sind so etwas wie ein »Gaspedal der Pflanzenteile«.

Phytohormone steuern die Wachstumsvorgänge aller Pflanzen.

Spitzenförderung und Basisförderung

Auxine, die von den jungen wachsenden Triebspitzen gebildet werden, haben neben der Anregung der Wurzelbildung eine weitere Aufgabe: Sie unterdrücken bei baumartig wachsenden Gehölzen wie Kern- und Steinobst die Entwicklung und den Austrieb von tiefer stehenden Knospen sowie das Wachstum von untergeordneten Zweigen. Triebe an der Spitze der Pflanze, die Auxine bilden, aber keine bekommen, können also ungehindert wachsen. Die nächst tiefer gelegenen Knospen und Triebe werden durch die Auxine der höher stehenden etwas gehemmt und geben gleichzeitig zusätzliche Auxine in den Saftstrom ab. Dadurch steigt die Auxinkonzentration, sodass die Triebe, die noch tiefer stehen, stärker gehemmt werden. Das heißt, je tiefer eine Knospe sitzt, desto schwächer ist sie entwickelt, desto schwächer treibt sie auch aus und desto schwächer wächst

Eine Apfelblüte wartet auf Bestäubung. Am besten werden Kernobstblüten durch den Pollen anderer Kernobstsorten befruchtet (Fremdbestäubung).

der aus ihr eventuell entstehende Trieb. Knospen, die an der Basis eines Zweiges sitzen, können so stark gehemmt werden, dass sie verkümmern und abfallen. Das nennt man Spitzenförderung oder Akrotonie.

Bei Beerenobstbuschen wie Johannis- oder Stachelbeeren und bei vielen Ziersträuchern wie Forsythien ist das Wachstum umgekehrt gesteuert, die Knospen an der Basis entwickeln sich am besten und wachsen am stärksten. Hier spricht man von Basisförderung (Basitonie).

Oberseitenförderung

Bei waagerecht stehenden Zweigen treiben die an der Oberseite sitzenden Knospen stärker aus als die an der Unterseite. An horizontal wachsenden Tragästen von waagerechten Palmetten oder waagerechten Schnurbäumen ist das besonders auffällig. Beim waagerechten Ast zeigt die Basis, die der Versorgung, also dem Stamm und der Zentralachse, am nächsten steht, den stärksten Austrieb, bei zwei gleich stehenden Konkurrenzästen der dickere. Das bedeutet, dass die Triebspitze eines waagerecht gebundenen Zweiges sehr schwach wächst. Sie darf also nicht zu früh nach unten gebunden werden, wenn sie als Triebverlängerung weiteren Zuwachs bringen soll.

Fruchtbogenbildung

Da frei wachsende Zweige zunächst gegen die Schwerkraft (negativer Geotropismus) und zum Licht hin (positiver Fototropismus) nach oben wachsen, später aber unter dem Gewicht ihrer Früchte nach unten gezogen werden, wachsen sie meist bogenförmig (Fruchtbogenbildung) und der Austrieb ist an ihrem Scheitelpunkt am stärksten (Scheitelpunktförderung), während an ihrer Basis und der nach unten hängenden Spitze nur schwache Knospen und Triebe entstehen.

Was bewirkt der Schnitt?

Je nach Zeitpunkt hat der Schnitt unterschiedliche Auswirkungen:
Starker Rückschnitt der gesamten Pflanze im Ruhezustand (Winter/Frühjahr) erzeugt kräftigen, aber zahlenmäßig geringen Austrieb. Es bilden sich verhältnismäßig wenige, aber sehr starke Triebe. Solche Triebe im Inneren der Pflanze werden als »Wasserreiser« bezeichnet.

Schwacher Rückschnitt einzelner Triebe der gesamten Krone erzeugt schwachen, aber zahlenmäßig großen Austrieb.

Wird aber ein Teil der Krone stark und der andere schwach zurückgeschnitten, treibt der schwach geschnittene stark und der stark geschnittene schwach aus. Die durch den Schnitt geschaffene Asymmetrie wird also verstärkt. Denn hier dominiert das Gesetz der Spitzenförderung über das der Schnittwirkung. Im Sommer schwächt der Schnitt den Austrieb eher.

Blüten- und Fruchtbildung beim Kernobst

Bei Kernobst (Apfel, Birne) bilden sich Blüten und später Früchte an der Spitze von Kurz- und Langtrieben sowie in Blattachseln. Am ehesten entstehen sie an Kurztrieben. Je stärker ein Trieb wächst, desto geringer ist seine Neigung zum Blütenknospenansatz. Die Differenzierung von Blütenknospen – die im folgenden Frühjahr aufblühen – erfolgt meist im Sommer, zunächst an Kurztrieben und ab etwa August auch an

Nicht alle Kurztriebe bilden Blütenknospen. Hier ist ein Kurztrieb mit einer schmalen, spitzen Triebknospe ohne Blütenanlage abgebildet.

Kernobstbäume neigen dazu, große rundliche Blütenknospen am Ende von Kurztrieben (Fruchtspießen) wie an diesem Apfelzweig zu bilden.

Langtrieben, hält aber bis in den Winter an. Ist das Laub z. B. durch Pilzkrankheiten oder Blattlausbefall geschwächt oder bekommt es nicht genug Licht, können die Zweige keine oder nur schwache Blütenknospen bilden.

Aus der Blütenknospe entsteht der Blütenstand. Das ist ein verdickter Trieb mit einer Rosette von Primärblättern an der Basis und darüber stehenden Blüten beziehungsweise Früchten. In den Achseln von einem oder mehreren Primärblättern entstehen Kurz- oder Langtriebe, die für die Bildung von Quirlholz sorgen.

Was ist Alternanz?

Die Entwicklung von Trieben und der Ansatz von Blütenknospen werden durch die benach-

Dieses »Bienenhotel« bietet Wildbienen einen Unterschlupf, die die Bestäubung der Obstbäume fördern und dadurch ihren Fruchtertrag erhöhen.

barten Früchte im selben Jahr gehemmt. Das kann bei sehr starkem Fruchtansatz zu einem Wechsel von (vegetativem) Triebwachstum im einen Jahr und (generativem) Ansatz von Früchten im anderen Jahr führen. Dieser Wechsel wird als Alternanz bezeichnet.

Das Fruchtholz ist also den Früchten in der Entwicklung untergeordnet, sodass bei sehr hohem Ertrag wenig Blütenknospen fürs Folgejahr gebildet werden, bei geringem Ertrag erfolgt dagegen ein starker Blütenknospenansatz. Sorten mit starker Alternanzneigung sind z. B. 'Berlepsch', 'Boskoop', 'Cox Orange' und 'Gravensteiner'; Sorten mit geringer Alternanzneigung 'Golden Delicious' und 'Jonathan'.

Einen großen Einfluss auf den Ertrag und damit die Alternanzneigung hat die Witterung im Frühjahr. Kalte, regnerische Witterung zur Blütezeit kann den für die Bestäubung nötigen Insektenflug stark behindern, Nachtfröste zur Blütezeit Ende April und Mai können die Blüten zerstören.

Pollenspender

Die Blüten von Kern- und Steinobstsorten sind zwittrig, das heißt, sie besitzen männliche und weibliche Organe in einer Blüte, wodurch eigentlich jede Blüte dazu fähig wäre, sich selbst zu bestäuben. Allerdings können einige sogenannte triploide Sorten keinen keimfähigen Pollen bilden, wie 'Boskoop', 'Gravensteiner' oder 'Alexander Lucas', die meisten anderen Sorten nehmen ihren eigenen Pollen schlecht an. Daher sind fast alle Kern- und einige Steinobstsorten auf Fremdbestäubung angewiesen.

MEIN RAT

Für die Übertragung des Pollens sind Insekten nötig, vor allem Bienen. Im Erwerbsobstbau werden daher zur Blütezeit von Imkern Bienenvölker in die Obstanlagen gestellt, im Hausgarten reichen normalerweise die umherfliegenden Wildbienen aus. Bei kühlem, regnerischem Wetter kann der Bienenflug allerdings stark reduziert sein. Dann zahlt es sich aus, wenn man die Ansiedlung von Wildbienen fördert, z.B. mit Nisthilfen.

Im Obstbau spielt das eine große Rolle. Um Höchsterträge zu erzielen, werden systematisch Ertragssorten in Kombination mit Pollenspendern aufgepflanzt. In Siedlungsbieten reicht aber meist die Pollenfracht von Bäumen in der Nachbarschaft aus, sodass auch ohne Pollenspender ausreichende Erträge erzielt werden.

Fruchtfall

Ist die Blüte befruchtet, bildet sich eine kleine Frucht, deren Wachstum beim Kernobst durch die Kerne gesteuert ist. Denn diese bilden Hormone (Gibberelline), die das Wachstum der Frucht fördern. Äpfel mit vielen Kernen können sich gegen benachbarte Früchte durchsetzen, während schlecht befruchtete Früchte mit wenigen Kernen schwächer bleiben und durch die Konkurrenz anderer Früchte abgeworfen werden können (Junifall). Bei manchen Birnensorten ist allerdings bekannt, dass sie auch Früchte ohne Kerne bilden.

Keine Alternanz beim Steinobst

Steinobstbäume (Kirsche, Pflaume, Pfirsich) bilden ihre Blütenknospen meist an Kurztrieben oder in Blattachseln von Langtrieben, jedoch nicht an Triebspitzen. Ihr neu gebildetes Fruchtholz ist den vorhandenen Früchten übergeordnet und wird daher nicht von Früchten gehemmt. Aus diesem Grund neigt es auch nicht zur Alternanz.

Süßkirschen können selten vom eigenen Pollen befruchtet werden, auch sie sind auf Pollenspender angewiesen. Die meisten anderen Steinobstsorten sind dagegen selbstfertil, brauchen also keine Pollenspender. Bei Süßkirschen blühen vorwiegend Kurztriebe (Bukketttriebe), bei Sauerkirschen und Pflaumen bevorzugt Kurz-, aber auch Langtriebe, bei Pfirsichen vor allem Langtriebe. Daher ist besonders beim Pfirsich eine laufende Verjüngung nötig. Steinobst neigt ohne Verjüngung mehr zur Verkahlung als Kernobst und ist deswegen für Formobst weniger geeignet.

Wichtig: Fruchtausdünnung

Bei mittelstarkem Blütenansatz brauchen sich bei Apfel und Birne nur 5 % und bei Steinobst 25 % der Blüten zu Früchten zu entwickeln, um den Vollertrag zu sichern. Es ist daher völlig normal, dass nach der Blütezeit der größte Teil der Blüten abgeworfen wird und im Juni weitere Früchte fallen. Bei sehr gutem Fruchtansatz kann beim Kernobst sogar eine Ausdünnung der reifenden Früchte sinnvoll sein (siehe Kapitel »Fruchtholzschnitt«).

Schnitt, Schnittwerkzeuge und Wundpflege

Bei der Durchführung der für die Anzucht von Formobst notwendigen Schnittmaßnahmen sowie bei der Auswahl und der Pflege der Schnittwerkzeuge sind einige Grundregeln zu beachten, die im Folgenden erläutert werden.

Schnitt auf Außenknospen

Junge schrägstehende Triebe werden auf Außenknospe geschnitten, das heißt auf eine Knospe, die von der Mitte der Pflanze wegweist. Dabei wird beim Kern- und Steinobst direkt über der Knospe geschnitten. Allerdings besteht trotz des

harten Holzes dieser Obstarten die Gefahr, dass die oberste Knospe durch den Schnitt beeinträchtigt wird. Dadurch treibt trotz der Apikaldominanz die nächsttiefere, also die zweite Knospe, stärker aus, und der daraus entstehende Trieb wächst deutlich stärker als der aus der höher stehenden Knospe, der für die Triebverlängerung gedacht war. Solch einen unerwünscht starken Trieb aus der untergeordneten zweiten Knospe nennt man dann einen Konkurrenz- oder Afterleittrieb. Er sollte beim Sommerschnitt pinziert oder – wenn er gar zu stark wächst – ganz entfernt werden.

Wichtig ist, dass man beim Schnitt den breiten stumpfen Teil der Schere (den »Amboss«) gegenüber der Knospe ansetzt, da hier eine Quetschung unvermeidlich ist. Über der Knospe setzt man die Klinge an, den scharfen schmalen Teil der Schere.

Der stark und in steilem Winkel wachsende Konkurrenztrieb (Afterleittrieb) eines Birnbaums wird mit einer Schere auf Astring entfernt.

MEIN RAT

Seitenzweige, die entfernt werden müssen, werden auf Astring geschnitten, das heißt nicht direkt am Stamm, sondern etwa einen Millimeter davor. Wie bei der Einkürzung von Trieben sollte allerdings kein mehrere Millimeter oder gar Zentimeter langer »Zapfen« oder »Huthaken« stehen bleiben.

Wundpflege und Wundverschluss

Etwas größere Wunden mit deutlich ausgefranstem Gewebe, die vor allem durch die Säge entstehen, können mit einem scharfen Messer glatt geschnitten werden. Schnittwunden brauchen normalerweise nicht mit Wundverschlussmitteln verschlossen zu werden, denn diese bieten leider keinen ausreichenden Schutz vor Krankheiten wie Obstbaumkrebs, auch wenn die Werbung das manchmal verspricht.

Das Aufbringen von Wundverschlussmitteln kann allerdings bei frischen mechanischen Wunden wie z. B. durch Astbruch, Hasenfraß oder Scheuerwunden sehr wirkungsvoll sein, und die Wundverheilung deutlich verbessern – aber lediglich bei ganz frischen Wunden. Bei einige Tage alten Wunden, die schon angetrocknet sind, ist das Verstreichen wirkungslos.

Das richtige Schnittwerkzeug

Bis vor etwa 200 Jahren wurden alle feineren Schnittmaßnahmen mit Messern durchgeführt, meist mit dem ähnlich wie eine Sichel geschwungenen Gärtnermesser, der »Hippe«. Dann kamen Scheren auf, zunächst ganz aus Stahl gefertigt. Inzwischen bestehen ihre Griffe meist aus Aluminium. Die Klingen bestehen weiterhin aus Stahl. Die Qualität der Klingen bestimmt dabei den Preis der Schere. Klingen aus billigem Stahl werden in der Regel schnell stumpf, während gute, teurere Klingen sehr lange benutzt werden können, ohne dass sie geschärft werden müssen.

Werkzeuge schärfen

Grundsätzlich müssen alle Schnittwerkzeuge so scharf wie möglich gehalten werden, damit die Arbeit leicht von der Hand geht und die Schnittwunden an der Pflanze schnell verheilen. Das Messer spielt eine untergeordnete Rolle und wird gelegentlich zum Glattschneiden von Wunden, Entfernen von Wildtrieben, zum Pinzieren oder zum Abschneiden von Bindematerial benutzt.

Sägen sind bei größeren Obstbäumen ein wichtiges Werkzeug, beim Formobst ist ihr Einsatz aber nur selten nötig, etwa beim Rückschnitt, wenn ein Tragast beschädigt oder vom Obstbaumkrebs befallen ist. Gut geeignet sind Handsägen, die wie ein Taschenmesser zusammengeklappt werden können, oder Bügelsägen mit seitlich verstellbarem Sägeblatt.

Das sichelförmige Gärtnermesser, die »Hippe«, eignet sich gut für verschiedene Schnittarbeiten wie zur Entfernung von Wildtrieben.

Spalierformen und Erziehungs- möglichkeiten

Zu Beginn werden meist einjährige Veredlungen gepflanzt, aus denen durch Schneiden, Heften, Biegen und Pinzieren in wenigen Jahren attraktive Formobstbäume erzogen werden können. Wie man das macht und was man bei der Pflanzung beachten sollte, ist hier zu lesen.

Standort, Pflanzung und Pflanzschnitt

Die Grundlage für gesundes Formobst bilden die Auswahl der richtigen Ausgangspflanze, ein geeigneter Standort sowie die fachgerechte Pflanzung.

Kleinklima

Als Standort für Formobstbäume kommen freie Plätze oder Mauern infrage. Beide sollten wegen der häufig notwendigen Schnitt- und Pflegearbeiten gut zugänglich sein. Damit die Bäume gesund bleiben und schmackhafte Früchte liefern, muss ihr Standort gut durch-

Die Mauer spendet dieser etwas schief gewachsenen, aber trotzdem attraktiven waagerechten Palmette, Halt und Wärme.

lüftet sein. Wegen der normalerweise verwendeten wenig standfesten Unterlagen ist ein stabil im Boden verankertes Spalier nötig.

Himmelsrichtung und Lichtverhältnisse

Wird eine Mauer als Standort gewählt, ist wegen der Sonneneinstrahlung die Himmelsrichtung wichtig. Nordseiten sind schlecht geeignet.

Auch an Nordost- oder Nordwestwänden reicht die Einstrahlung meist nicht aus. Ost- und Westwände sind deutlich besser geeignet. Hier wachsen Apfel- und Birnbäume recht gut. An den durch die Abendsonne wärmeren Westwänden können auch die wärmeliebenden Pflanzen wie Pfirsich gut gedeihen.

Südwände sind in milderen Gegenden ebenfalls gut für Kernobst geeignet. An Standorten mit starker Sonneneinstrahlung kann die Einstrahlung vor allem für empfindliche Apfelsorten zu intensiv werden, sodass die Früchte unter Sonnenbrand leiden. Weinreben, Pfirsiche und Aprikosen lieben dagegen Südwände.

Abstand halten

An Wänden, die sich stark erhitzen – meist Süd- und Westseiten –, ist es besonders wichtig darauf zu achten, dass das Spalier einen Abstand von mindestens 10 cm zur Wand hält.

Auch die Schattenwirkung des Dachüberstands ist an Hauswänden zu beachten, denn nicht der Dachüberstand selbst, sondern vielmehr sein Schatten begrenzt die Höhe, die der Obstbaum maximal erlangen kann.

Auf den Boden kommt es an

Wie bei allen Pflanzen spielen auch bei Obstbäumen die Bodenverhältnisse eine wichtige Rolle für das Gedeihen. Auf reichen Lehmböden neigen sie zu starkem Wachstum, daher sind hier schwächere Sorten-Unterlagen-Kombinationen zu empfehlen, meist ist nur eine geringe Düngung nötig.

Je leichter der Boden ist, desto stärker wachsende Sorten beziehungsweise Unterlagen sollten gewählt werden.

Ausgangspflanzen für die Erziehung

Will man selbst einen Obstbaum zu Formobst erziehen, wählt man meist eine sogenannte einjährige Veredlung. »Einjährig« bedeutet, dass der Trieb, der aus der Veredlungsstelle entspringt, ein Jahr alt ist oder anders ausgedrückt, eine Vegetationsperiode lang gewachsen ist. Seine Unterlage, die die Wurzeln bildet, ist dagegen 2–3 Jahre älter.

Einjährige Veredlungen besitzen einen etwa 80–140 cm langen Mitteltrieb, der oft mit einzelnen schwachen Seitentrieben besetzt ist. Büsche, Halb- und Hochstämme sind ein oder

MEIN RAT

Da unter Wassermangel im Sommer vor allem die Fruchtentwicklung leidet, müssen die Pflanzen rechtzeitig bewässert werden. Wichtig ist, nicht zu wenig Wasser zu geben, mindestens 20 l pro Baum und Gießvorgang. Es sollte so bewässert werden, dass die Feuchtigkeit in den Boden eindringen kann und nicht sofort verdunstet oder oberflächlich abläuft, also am besten spätabends.

zwei Jahre ältere – also zwei- oder dreijährige – Veredlungen und eignen sich nur dann zur Erziehung eines Formobstbaumes, wenn sie durch Zufall die gewünschte Verzweigung be-

Die Verwendung einer solchen Containerpflanze von einer Baumschule (Doppel-U einer Birne) spart Zeit und Mühen.

MEIN RAT

Wie bei anderen Gehölzen sollte das Pflanzloch ausreichend groß und tiefgründig gelockert sein, als Faustregel gilt etwa der 1,5-fache Durchmesser des Pflanzenballens. Etwas Humuszugabe zum Aushub kann das Anwachsen erleichtern. Dünger gehört nicht ins Pflanzloch, sondern kann bei Bedarf nach der Pflanzung aufgestreut werden.

sitzen, das heißt in der passenden Höhe zwei gegenüberliegende, gleich starke, nicht zu steil aufrecht wachsende Seitentriebe aufweisen. Halb- und Hochstämme kommen allerdings wegen ihrer stark wachsenden Unterlagen und ihrer Stammlänge nur in Ausnahmefällen für sehr große (Wand-)Spaliere infrage.

Gehölze pflanzen

Wie andere Gehölze auch werden Obstbäume in Töpfen (Containern) oder wurzelnackt angeboten. Wurzelnackte Bäume werden am besten im Herbst ab Ende Oktober, bevor der Boden gefriert, oder im zeitigen Frühjahr bis Ende April vor dem Beginn des Austriebs gepflanzt. Bei allen frostharten Arten ist bei mildem Wetter mit offenem Boden auch eine Pflanzung im Winter möglich. Im Mai können wurzelnackte Obstbäume bei beginnendem Austrieb ebenfalls noch gepflanzt werden, allerdings bleibt der Trieb, der sich in diesem Jahr bildet, ist in der Regel schwächer.

Nicht zu tief pflanzen

Bei frostempfindlichen Obstarten wie Pfirsich ist die Pflanzung vor allem in rauen Lagen im Frühjahr sicherer als vor dem Winter. Aber auch solche Pflanzen können im Herbst gekauft werden, sie sollten allerdings an einem geschützten Platz im Garten eingeschlagen und vor sehr starken Frösten geschützt werden.

Besonders wenn sie auf schwach wachsende Unterlagen wie M 9 veredelt sind, haben Obstgehölze manchmal recht schwache Wurzeln, es sollten daher möglichst wenig davon entfernt werden. Nur verletzte Wurzeln werden abgeschnitten und lange etwas eingekürzt.

Die Pflanze darf nicht tiefer gepflanzt werden, als sie in der Baumschule gestanden hat. Die Veredlungsstelle, die meist an einer mehr oder weniger dicken Wulst zu erkennen ist, bleibt also 10 – 20 cm über dem Boden. Nach der Pflanzung wird der ins Pflanzloch gefüllte Boden durch Antreten verdichtet und mit etwa 10 l Wasser angegossen, um den Kontakt zwischen Wurzeln und Boden zu verbessern.

Containerpflanzen

Mit Bäumen in Töpfen (Containerpflanzen) ist ähnlich zu verfahren. Der Topf muss vor der Pflanzung entfernt werden, und falls sich kreisförmig gewachsene Ringwurzeln gebildet haben, werden diese mit Messer oder Schere durchtrennt, damit die Pflanzen besser in den Boden einwurzeln. Ihr Vorteil ist, dass sie ganzjährig gepflanzt werden können.

Der Pflanzschnitt ist in den Kapiteln zur Anzucht der jeweiligen Kronenformen beschrieben.

Erziehungsschnitt und Kronen

Schnittmaßnahmen an Gehölzen werden in drei Phasen unterteilt: den Erziehungs-, den Erhaltungs- und den Verjüngungsschnitt. Der Erziehungsschnitt umfasst den Schnitt nach der Pflanzung sowie die Maßnahmen, die der Pflanze in den ersten Standjahren ihre Form geben, bis diese die endgültige Struktur erhalten hat. Je nach Wuchsstärke des Baumes dauert diese Phase 3–6 Jahre.

Beim darauf folgenden Erhaltungsschnitt wird die Pflanze so behandelt, dass sie ihre Form behält, gesund bleibt und möglichst regelmäßig gleichbleibende Erträge liefert. Vergreist sie schließlich doch und treibt nur noch schwach aus, kann sie durch einen starken Rückschnitt wieder zu kräftigerem Wachstum angeregt werden. Bei Formobst ist solch ein Verjüngungsschnitt allerdings selten sinnvoll.

Pflanzenaufbau

Im folgenden Text, der sich vor allem auf Formobstbäume bezieht, werden die oberirdischen Teile der Pflanze in drei Gruppen aufgeteilt: Mittelachse, Gerüstäste und Fruchtholz.

Die Mittelachse bildet den Stamm und die Stammverlängerung. Von hier gehen die Gerüstäste aus, die waagerecht oder schräg stehen und an denen das Fruchtholz ansetzt. Das Fruchtholz wiederum bildet die Blütenknospen, aus denen die Früchte hervorgehen.

Bevor auf die Erziehung von Formobst eingegangen wird, sollen aber die naturgemäßen Kronenformen kurz beschrieben werden, um die Unterschiede zu verdeutlichen.

Naturgemäße Formen

Die am weitesten verbreiteten Baumformen für Kern- und Steinobst sind Hochstamm, Halbstamm und Busch. Sie unterscheiden sich zunächst nur in der Stammhöhe, über der die eigentliche Krone ansetzt. Aus der einen Form kann also am Endstandort eine andere gemacht werden, z. B. aus einem Halbstamm durch Entfernung der untersten Äste auf 180 cm Stammhöhe ein Hochstamm. Die Baumform der Pflanze beim Kauf entscheidet also nicht unbedingt darüber, wie groß ein Baum später wird.

Dieser etwa 30 Jahre alte 'Weiße Klarapfel' auf einer mittelstarken Unterlage wurde in Buschform mit einer Rundkrone gezogen.

Stammhöhen, Unterlagen und geeignete Pflanzabstände

Form	Stammhöhe*	Unterlage	Spätere Baumhöhe	Pflanzabstand
Hochstamm	ab 180 cm	stark wachsend	6–10 m	ca. 6,00–10,00 m
Halbstamm = Mittelstamm	ca. 120 cm	stark wachsend	6–10 m	ca. 6,00–10,00 m
Niederstamm, Viertelstamm	ca. 80–100 cm	mittelstark wachsend	4–6 m	ca. 5,00–8,00 m
Busch	ca. 60 cm	schwach oder mittelstark wachsend	2–6 m	ca. 4,00–6,00 m
Spindelbusch	ca. 40 cm	schwach wachsend	2–3 m	ca. 1,50–3,00 m
Formobst	ab 40 cm	schwach wachsend	2–3 m	ca. 0,60–1,60 m

* Vom Boden bis zum untersten Seitenast der Krone

Büsche sind normalerweise auf schwächere Unterlagen veredelt als Halb- und Hochstämme. Je nach Unterlage kann bei den Büschen die Wuchsstärke aber stark variieren, denn ein Apfelbusch auf der Unterlage M 27 wächst viel schwächer als ein Apfelbusch auf M 7. Wer wissen möchte, wie stark sein Obstbaum später einmal wächst, sollte sich also nicht nur daran orientieren, in welcher Baumform er gezogen wurde, sondern vor allem daran, auf welche Unterlage er veredelt ist.

Pyramiden- oder Rundkrone

Die Kronen der meisten naturgemäß gezogenen Obstbäume sind rund (Apfel, Steinobst) bis aufrecht oval (Birne) und werden als Rund- oder Pyramidenkronen bezeichnet. Rundkronen besitzen eine Mittelachse als Stammverlängerung, von der 3–4 schräg aufrecht wachsende Gerüstäste in einem Winkel von etwa 120° abgehen.

Die Rundkrone ist die älteste und am weitesten verbreitete Form bei Hoch- und Halbstämmen, sie wird aber auch bei größeren Buschbäumen gezogen. Sie ist recht robust, und Bäume mit Rundkronen wachsen meist bis zu 80 Jahre lang ohne Probleme. Die Flächen darunter, oft Wiesen, sind durch die Stammhöhe von meist 180–200 cm gut zu bearbeiten. Ihr Nachteil ist aber, dass für die Ernte- und Pflegemaßnahmen eine Leiter benötigt wird, die Kronen dicht werden und viele Früchte im Schatten der Blätter reifen, wodurch sie eine mindere Qualität haben.

Erziehung einer Rundkrone

Der Pflanzschnitt wird bei Rundkronen so durchgeführt, dass der Mitteltrieb als Stammverlängerung auf etwa 40–60 cm Länge zurückgeschnitten wird und die Seitentriebe auf eine Außenknospe eingekürzt werden, sodass sie etwa 20 cm (eine Scherenlänge) tiefer steht als die oberste Knospe des Mitteltriebs.

Möglichst sollen 3–4 Seitentriebe als Gerüstäste ausgewählt werden und stehen bleiben.
Starke Konkurrenztriebe zum Mitteltrieb werden
entfernt und relativ aufrecht wachsende Seitentriebe mit Hölzern im Winkel von etwa 45° abge-
spreizt oder mit Bändern nach unten gebunden.

In den folgenden Jahren wird beim Erziehungsschnitt auf eine gerade Verlängerung des Mitteltriebs sowie auf eine harmonische Verzweigung
der Gerüstäste geachtet.

Pflegeschnitt der Rundkrone

Wenn der Aufbau der Krone abgeschlossen ist
und der Baum im Hauptertrag steht, neigen
sich die Seitenäste durch das Gewicht der
Früchte nach unten. Während in den ersten
Jahren von aufrecht stehenden auf waagerechte
Zweige abgeleitet wurde, wird beim Erhaltungsschnitt später von hängenden auf waagerechte
bis schräg aufrechte Triebe abgeleitet.

Lässt das Wachstum junger Triebe nach und
trägt der Baum viele, aber nur kleine Früchte
und drohen die Gerüstäste unter dem Gewicht
der Ernte zu brechen, kann ein Verjüngungsschnitt sinnvoll sein. Die Gerüstäste einschließ-
lich der Stammverlängerung werden dann
gleichmäßig zurückgeschnitten, wobei die
Stammverlängerung die Gerüstäste wie beim
Erziehungsschnitt etwas überragt (Pyramidenform). In den folgenden Jahren reagiert der
Baum mit der Bildung vieler junger Triebe
(»Wasserreiser«), von denen ein großer Teil
entfernt wird. Aus den verbleibenden Trieben
werden neue Verlängerungen der Gerüstäste
gezogen, deren jüngeres Fruchtholz größere
Früchte entwickelt.

Hohl- oder Trichterkrone

Statt der Pyramiden- oder Rundkrone können
mittelstark bis stark wachsende Bäume auch
mit Hohlkronen erzogen werden. Aufbau und
Schnitt ähneln der Rundkrone, allerdings wird
kein Mitteltrieb zur Stammverlängerung erzogen, sondern nur 3–4 schräg stehende
Gerüstäste. Diese Form eignet sich nicht für
straff aufrecht wachsende Sorten, wie z. B. von
Birnen, sondern sie wird eher bei breit und
mittelstark wachsenden Buschbäumen verwendet, die dann etwa 3–4 m hoch werden, aber
auch bei schwächeren Sorten als Halbstamm.
Der Vorteil dieser Baumform ist die bessere
Belichtung der Früchte im Inneren der Krone
als in einer Pyramidenkrone, aber dafür ist sie
weniger stabil, und bei hohem Behang oder im
Alter besteht eine erhöhte Bruchgefahr.

Der Apfelhochstamm im zehnten Standjahr wurde mit
einer Hohlkrone gezogen, wie bei der winterlichen Witterung deutlich zu erkennen ist.

Spindel oder Spindelbusch

Die Spindel oder der Spindelbusch besitzt ähnlich wie die Pyramiden- oder Rundkrone eine durchgehende Mittelachse als Verlängerung des nur kurzen Stammes, die Gerüstäste sind aber kürzer und verjüngen sich von unten nach oben, sodass die Form schmaler als die Pyramidenkrone ist. Sie entspringen im Winkel von etwa 30–40° von der Mitte und sollen zu möglichst waagerecht stehenden Fruchtholzträgern werden statt zu Gerüstästen. Die Form wird für relativ schwach wachsende Bäume gewählt, die etwa 3–4 m hoch wachsen.

Im Erwerbsobstbau führend

Die Spindelform soll Ende des 18. Jahrhunderts in Frankreich entwickelt worden sein und wurde

Dieser Spindelbusch benötigt wegen seiner schwach wachsenden Unterlage einen Pfahl.

für Äpfel in den 1940er-Jahren vom einflussreichen Obstbauern/Pomologen Otto Schmitz-Hübsch aus Merten so erfolgreich propagiert, dass sie und später die schlanke Spindel im deutschen Erwerbsobstbau die größeren Buschbäume, Halb- und Hochstämme mit ihren Rund- und Pyramidenkronen völlig vom Markt verdrängt haben.

Die schlanke Spindel

Die schlanke Spindel ist eine noch kleinere, schmalere Variante des Spindelbusches, die zu Beginn des 19. Jahrhunderts aufgekommen sein soll. In modernen Apfelanlagen ist sie mittlerweile die dominierende Baumform. Die Bäume stehen auf schwach wachsenden Unterlagen, bringen aber schon wenige Jahre nach der Pflanzung gute Erträge und sind relativ leicht zu erziehen und zu pflegen.

Sie werden 2,20 m hoch und besitzen eine Stammhöhe von rund 60 cm, bilden aber im Gegensatz zum Spindelbusch keine oder nur in Ansätzen vorhandene Gerüstäste. Ihr Fruchtholz setzt meist direkt am Stamm an, wird aber länger belassen als bei senkrechtem Schnurbaum und anderen Formobstbäumen. Der Mitteltrieb muss nicht unbedingt gerade wachsen.

Das Fruchtholz wird anfangs möglichst wenig geschnitten. Die Pflanzen werden im Gegensatz zum Formobst nicht im Sommer pinziert, lediglich die stark aufstrebenden Triebe werden entfernt und die Früchte freigestellt. Erst wenn zu viel Fruchtholz angesetzt wird, wird dieses beim Winterschnitt eingekürzt und so verjüngt.

Spalier- und Formobst

Im Gegensatz zu den naturgemäßen Kronenformen stehen das Spalier- und das Formobst.
Diese Unterteilung darf aber nicht dahingehend
missverstanden werden, dass naturgemäß
erzogene Bäume »es besser haben« als die mit
Formschnitt. Denn der Formschnitt nimmt die
gleiche Rücksicht auf die Bedürfnisse der
Pflanzen, er »quält« sie also nicht. Dies erkennt
man deutlich daran, dass Formobstbäume bei
fachgerechter Pflege mindestens genauso alt
werden und mindestens genauso gesund
bleiben wie Obstbäume mit naturgemäß ge-
schnittenen Kronen auf gleicher Unterlage.
Spalier- und Formobst werden in drei Formen-
gruppen unterteilt:

Fächerformen

Frei gewachsene Fächerformen gehören eigentlich nicht zum Formobst, da ihr Gerüstaufbau
nicht symmetrisch ist, sondern ihre Gerüstäste
sich in ungleichen Abständen verzweigen.

Bei den symmetrischen Fächerformen werden
die Abstände der Gerüstäste nach außen weiter,
die Gerüstäste verlaufen also nicht parallel. Die
Pflege beider Fächerformen ist aber weitgehend
ähnlich wie die von Palmetten (siehe unten),
daher stehen sie in engem Zusammenhang mit
Formobstbäumen.

Palmetten

Palmetten besitzen mehrere Gerüstäste, die
sich in gleichen Abständen verzweigen.
Die Gerüstäste können waagerecht sein (waagerechte Palmette), schräg (schräge Palmette)
oder senkrecht (Armleuchterpalmette, Doppel-U, Verrier-Palmette). Der Pomologe Gaucher
bemerkt dazu: »Die Zahl der bekannten Palmetten ist eine endlose.«

Grundsätzlich liegt der Abstand der parallel
verlaufenden Gerüstäste bei etwa 40 cm, nur
selten werden engere oder weitere Abstände
(Pfirsich) vorgezogen. Die 40 cm ergeben sich
daraus, dass für den Neutrieb mit den Früchten
auf jeder Seite des Gerüstastes etwa 20 cm
Platz gelassen werden müssen, um genügend
Raum für Blätter zu geben, die die Früchte
ernähren und genug Licht durchlassen.

Schnurbäume

Schnurbäume (Cordons) besitzen nur einen
oder zwei Gerüstäste, die nicht parallel verlaufen und sich nicht verzweigen.

**Die symmetrische Fächerform eines Pflaumenbaumes ist
in den Lost Gardens of Heligan zu bestaunen.**

Grundlagen der Formobsterziehung

Bevor die Anzucht der einzelnen Baumformen ausführlicher beschrieben wird, sollen die allgemeinen Grundsätze für die Anzucht von Formobstbäumen erklärt werden.

Biegen

Für viele Formen müssen Zweige, aus denen Gerüstäste werden sollen, in einem Winkel von 90° gebogen werden. Das ist vor allem bei U-Formen und Palmetten, die auf U-Formen basieren, der Fall. Solch eine Biegung gelingt natürlich nur dann, wenn der Trieb noch jung und weich genug ist, denn ein verholzter Trieb bricht entzwei. Andererseits sollte der Trieb aber auch nicht zu früh gebogen werden, sonst neigt die Triebspitze (Terminale) dazu, ihr Wachstum ganz einzustellen.

Der Trieb wird vor der Biegung zunächst mit Bast festgebunden. Dann erfolgt eine zweite Befestigung möglichst nah an der Biegestelle, am besten quer über kreuzförmig fixierte Spalierstäbe. Zum Schluss wird er vorsichtig um 90° gebogen und kurz hinter der Biegestelle befestigt.

Der günstigste Zeitpunkt zum Biegen ist, wenn der junge weiche Trieb im Sommer etwa 10 cm über die Biegestelle hinaus gewachsen ist. Denn 10 cm unterhalb der Spitze ist er noch weich und biegsam, aber gleichzeitig strapazierfähig genug, um das Biegen ohne Wachstumsstopp zu überstehen.

Die Triebe von Formobstbäumen müssen gebogen werden solange sie noch weich sind, damit sie nicht brechen.

MEIN RAT

Die Spitze des gebogenen Triebs sollte nicht in der Waagerechten gehalten werden, sondern etwas schräg nach oben wachsen können, sonst stellt sie ihr Wachstum ein.
Direkt nach dem Umbiegen von der Senkrechten in die Waagerechte steht sie natürlich waagerecht, aber wenn sie nicht zu weit vorn befestigt wird, richtet sie sich innerhalb eines Tages etwas schräg auf und wächst weiter.

Biegen verhärteter Gerüstäste

Wenn der Gerüstast schon verhärtet und zu dick zum Biegen ist, kann er notfalls an der Innenseite der geplanten Biegestelle vorsichtig eingeschnitten oder eingesägt und ein schmaler Keil entfernt werden. Dann lässt er sich im 90°-Winkel biegen. Die durch den Schnitt entstandene Wunde verheilt meist schnell und gut. Wegen des Risikos, dass der Ast beim Einschnitt durchtrennt wird oder trotz des Einschnitts bricht, ist diese Methode aber nur ein Notbehelf, wenn der richtige Zeitpunkt verpasst wurde und sollte durch rechtzeitiges Biegen des noch weichen Triebes vermieden werden.

Verzweigungen

Für viele Spalierobst-Formen, wie den zweiarmigen waagerechten Schnurbaum oder die unterschiedlichen U-Formen, müssen Verzweigungen erzeugt werden. Am einfachsten geht das, indem der Trieb, der sich verzweigen soll, im Spätwinter beziehungsweise Frühjahr (etwa März) knapp unter die Höhe der gewünschten Verzweigung zurückgeschnitten wird und die Triebe aus den beiden obersten Knospen für die Verzweigung genutzt werden. Alle tiefer liegenden Triebe werden kurz nach dem Austrieb entfernt. Wichtig ist, dass die Knospen nicht zu hoch sitzen, denn der Austrieb ist zunächst nach oben gerichtet und lässt sich nicht exakt im 90°-Winkel biegen, ohne abzubrechen. Stattdessen dürfen die Neuaustriebe einige Millimeter schräg wachsen und eine rundliche Biegung bilden. Später, wenn die Zweige dicker werden, ist diese Biegung dann nicht mehr zu erkennen.

Ein ungünstiger Umstand ist allerdings, dass die Knospen von Obstgehölzen wechselständig sind, das heißt sich nicht direkt gegenüberliegen. Ein Trieb entspringt also etwa 2 – 3 cm höher als der andere, und es dauert einige Jahre, bis der unterschiedliche Ursprung durch ihr Dickenwachstum überdeckt ist. Trotzdem ist die beschriebene Methode die Standardmethode zum Erzielen von Verzweigungen, da sie am sichersten funktioniert.

Biegen und gleichzeitig entspitzen

Eine weitere Möglichkeit, die aber schwieriger ist und zu Misserfolgen führen kann, ist, dass im späten Frühjahr beziehungsweise Frühsommer (etwa Mai/Juni) ein junger kräftiger Trieb im 90°-Winkel zur Seite gebogen und gleichzeitig so entspitzt wird, dass nur eine Knospe hinter der Biegung übrig bleibt. Ist der Trieb wüchsig

Negativbeispiel eines U: Der rechte Zweig ist zu steil und wird später stärker wachsen als der linke.

genug, treibt nach einigen Wochen diese Knospe aus und außerdem die darunter liegende, deren Trieb bald in die entgegengesetzte Richtung gebogen wird und so die Gegenseite der Verzweigung bildet.

Sitzt die zweite Knospe knapp unter der Verzweigung, ist der Unterschied in der Höhe wesentlich geringer als bei der zuvor beschriebenen Standardmethode des Rückschnitts, der im März durchgeführt wird.

Rückschnitt auf nach vorn zeigende Knospe

Eine dritte Möglichkeit ist, im Frühjahr einen Zweig vor dem Austrieb auf eine nach vorn stehende Knospe zurückzuschneiden. Die Knospe selbst wird vorsichtig entfernt, spätestens wenn sie auszutreiben beginnt. Die darunter liegenden Knospen werden ebenfalls beim Austrieb entfernt, und etwas später treiben dann zwei kleine Nebenknospen (Beiaugen)

an der Basis der obersten Knospe aus, die exakt auf gleicher Höhe liegen und in entgegengesetzte Richtungen geleitet werden können.

Verlängerungen von Gerüstästen

Sind die Verzweigungen angelegt, lässt man die Gerüstäste jedes Jahr etwas länger wachsen. Der Neuzuwachs kann bei starkem Wachstum rund einen Meter betragen, vor allem bei senkrechten Gerüstästen. Wenn der Wunsch besteht, den Formobstbaum schnell in die Höhe zu ziehen, kann dieses starke Wachstum dazu verleiten, die Verlängerungen nicht oder nur schwach zurückzuschneiden. Das wäre aber ein Fehler, der später kaum wiedergutzumachen ist. Unabhängig davon, wie stark ein Zweig gewachsen ist, werden wegen der Spitzenförderung (Akrotonie) nämlich nur die obersten Knospen austreiben, meist drei oder vier von ihnen.

Anzucht einer U-Form, von links: Rückschnitt im März, Bildung der Verzweigung im April/Mai, Biegen der senkrechten Gerüstäste nach oben im Juni/juli, fertige U-Form im September.

Überblick über gängige Spalierformen

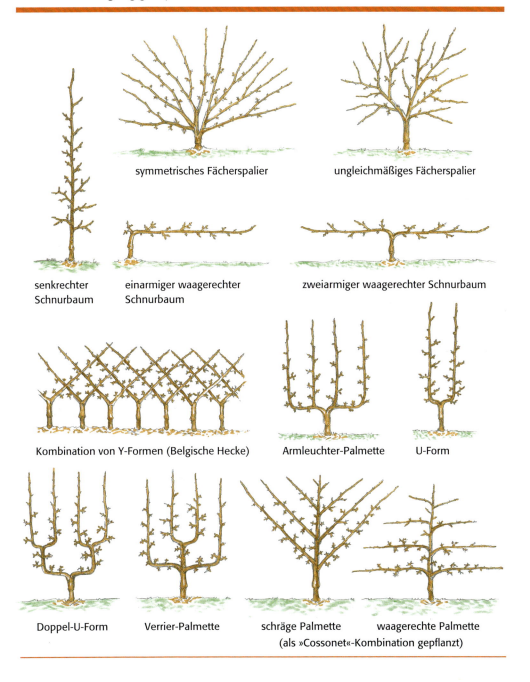

symmetrisches Fächerspalier

ungleichmäßiges Fächerspalier

senkrechter
Schnurbaum

einarmiger waagerechter
Schnurbaum

zweiarmiger waagerechter Schnurbaum

Kombination von Y-Formen (Belgische Hecke)

Armleuchter-Palmette

U-Form

Doppel-U-Form

Verrier-Palmette

schräge Palmette
(als »Cossonet«-Kombination gepflanzt)

waagerechte Palmette

Wird die Verlängerung zu lang gelassen, entstehen daher unter diesen Trieben lange Kahlstellen, an denen die Knospen nicht austreiben und später abfallen. Aus diesem Grund werden die Verlängerungen der Gerüstäste im Frühjahr auf 40 cm zurückgeschnitten, unabhängig davon, wie lang sie im Vorjahr gewachsen sind.

Wenn der neue Trieb, der die Verlängerung bildet, etwa 10 cm lang ist, wird er an einen Bambusstab geheftet, an dem auch der Gerüstast darunter angebunden ist. Oft entsteht aus der

Durch zu langen Anschnitt des Gerüstastes dieses Formobstbaumes ist eine Kahlstelle unterhalb der Frucht entstanden.

MEIN RAT

Bei manchen Sorten auf schwach wachsenden Unterlagen bilden sich schon frühzeitig Blütenknospen. Solange die Gerüstäste formiert werden, müssen die Blüten an den Verlängerungen und in den ersten Jahren am besten an der ganzen Pflanze entfernt werden. Blüten und Früchte bremsen das Wachstum stark und teilweise ausgesprochen ungleichmäßig, sodass sie unbedingt entfernt werden müssen solange die Grundform erzogen wird, auch wenn man schon sehnsüchtig auf die ersten Früchte wartet.

darunter stehenden Knospe ein Konkurrenztrieb, der stark zurückgeschnitten oder auf Astring geschnitten und dadurch ganz entfernt wird.

An Zapfen heften

Wenn kein Stab verwendet wird, kann der junge Trieb an einen Zapfen geheftet werden. Ein Zapfen entsteht dadurch, dass über der Knospe, die die Verlängerung des Triebs bilden soll, noch etwa 5 cm des Gerüstastes stehen gelassen werden, an denen alle Knospen entfernt werden. Wenn der neue, daran geheftete Trieb ausgereift ist, wird im Hochsommer (etwa August) dieser Zapfen abgeschnitten. Kleinere Krümmungen können durch das Heften an einen Zapfen verhindert werden, größere aber nicht. Daher ist bei Formobst normalerweise ein Stab vorhanden, und das Heften an den Zapfen erübrigt sich.

Jährlich wechselnde Knospenstellung

Bei senkrechten Gerüstästen werden normalerweise jährlich Knospen als Triebverlängerung gewählt, die abwechselnd vorn und hinten oder rechts und links am Trieb sitzen. Dadurch ist die Verlängerung in jedem Jahr im Wechsel etwas nach vorn und nach hinten oder nach links und nach rechts versetzt, was sich aber mit der Zeit wieder ausgleicht.

Schräge und waagerechte Gerüstäste werden auf Knospen geschnitten, die nach außen beziehungsweise unten zeigen. Der Schnitt auf ein oben stehendes Auge ergibt nämlich einen senkrechten Trieb (negativer Geotropismus).

Die Saftwaage

Aufgrund der Wachstumsgesetze entwickelt sich eine Obstbaumkrone nicht gleichmäßig: Die weiter oben stehenden und die nahe beim Stamm stehenden Äste wachsen stärker als die tiefer oder weiter vom Stamm entfernt stehenden. Außerdem können durch äußere Einflüsse wie Schädlinge, Krankheiten oder Astbruch einzelne Äste in ihrem Wachstum behindert werden. Für eine gleichmäßige Ausfüllung des Standraumes mit Zweigen und auch mit Früchten, die ja ein wichtiges Ziel des Formobstanbaus ist, ist aber ein gleichmäßiges Wachstum aller Gerüstäste die Voraussetzung. Daher müssen sehr stark wachsende Äste in ihrem Wachstum gebremst werden und der Baum in »Saftwaage« gehalten werden. Das heißt, alle Gerüstäste sollten schon beim Aufbau des Gerüstes gleich hoch stehen und gleich stark wachsen.

Stark wachsende Triebverlängerungen bremsen

Da schwächere Zweige nicht direkt in ihrem Wachstum unterstützt werden können, muss man im Umkehrschluss die zu stark wachsenden bremsen. Das bedeutet beispielsweise, wenn bei einer vierästigen Form ein Gerüstast schwächer ist als die anderen drei, müssen die drei starken im Sommer pinziert und eventuell zusätzlich im Frühjahr stärker gekürzt werden als der schwache. Meist lässt sich innerhalb weniger Monate das Wachstum der starken Äste so bremsen, dass der schwache sie eingeholt hat.

Bricht ein Ast ab oder muss wegen Krankheitsbefall entfernt werden, müssen, so schmerzlich das ist, die anderen auf eine ähnliche Tiefe zurückgeschnitten werden (siehe Rückschnitt). Solange die Gerüstäste einer Pflanze gleichmäßig, das heißt »in Saftwaage« wachsen, werden sie auch gleichmäßig geschnitten.

Um den Baum in Saftwaage zu halten und gleichmäßiges Wachstum zu fördern, wurden die Triebe dieser U-Form auf gleiche Höhe geschnitten.

Die Fächerspaliere

Eine Form des Spalierobstes sind die frei gewachsenen Fächerspaliere, auch als Fächerpalmetten, freie Spaliere oder holländische Spaliere bezeichnet. Ihre Gerüstäste werden flach und ohne Symmetrie meist an Mauern befestigt und am Spalier gezogen, so, wie sie gerade entspringen.

Manche Fächerpalmetten werden mit einem dominanten Hauptast in der Pflanzenmitte gezogen, andere mit gleich starken Ästen. Die Gerüstäste sollten ähnlich wie beim Formobst etwa 40 cm Abstand voneinander haben, wegen der fehlenden Symmetrie schwanken die Abstände aber. Dadurch wird einerseits die Fläche nicht so gleichmäßig ausgefüllt wie bei symmetrischen Formen und andererseits stehen in vielen Bereichen die Gerüstäste so

Die Aprikose ist als freies Fächerspalier gezogen. Die Hauswand bietet Schutz vor Schäden durch Spätfrost und sichert so den Ernteerfolg.

eng beieinander, dass sie sich gegenseitig beschatten und nur minderwertige Früchte entstehen können. Dafür entfällt die Anzucht einer symmetrischen Grundform. So wird viel Arbeit beim Formen und Binden eingespart. Das Fruchtholz kann länger gelassen werden, und vor allem kann man abgetragene, kranke oder erfrorene Triebe entfernen und relativ leicht durch neue ersetzen.

Fächerpalmetten können also einerseits leicht von Anfängern gezogen werden, die wenig Kenntnisse oder wenig Zeit haben. Andererseits eignet sich diese Form auch für Obstarten, die sich wie Pfirsich schlecht oder wie Sauerkirsche gar nicht für strenge Formen eignen.

Symmetrische Fächerform

Neben den ungleichmäßigen Fächerformen gibt es auch die symmetrischen. Der niederländische Formobstspezialist Freriks bezeichnete sie als »deutsche« Fächerformen, im Gegensatz zu den ungleichmäßigen »holländischen«. Die symmetrischen Fächerformen verzweigen sich gleichmäßig strahlenförmig, wobei die Abstände sich nach außen verbreitern und durch Verzweigungen ausgefüllt werden.

Bei anderen Spalierformen verlaufen die Gerüstäste parallel und besitzen dadurch immer gleiche Abstände, die für gleichmäßige Lichtverhältnisse sorgen. Die symmetrischen Fächerformen sehen attraktiv aus und sind ein Kompromiss zwischen der freien Fächerform und symmetrisch gezogenem Formobst.

Die Schnurbäume

Schnurbäume, auch Cordons oder Girlanden-
bäume genannt, besitzen einen oder zwei nicht
parallel verlaufende Gerüstäste. Diese können
waagerecht, senkrecht, schräg, zickzackförmig,
wellenförmig oder spiralförmig sein. Nach
Gaucher sollen Schnurbäume Mitte bis Ende
des 19. Jahrhunderts aufgekommen sein und
sich rasch verbreitet haben. Freriks schreibt,
sie seien im 19. Jahrhundert von du Breuil
propagiert, aber schon im 17. Jahrhundert in
Amsterdam beschrieben worden.

Schnurbäume sind einfach zu ziehen, da keine
Biegearbeiten nötig sind, sie werden nämlich
aus einer (einarmige) oder zwei Knospen
(zweiarmige) gezogen und ihre Gerüstäste
immer verlängert. Durch Kombination von
mehreren Schnurbäumen können sehr schöne
geometrische Muster erzielt werden, sodass
Pflanzungen aus Schnurbäumen äußerst dekorativ sind, auch wenn ein einzelner Schnurbaum
weniger interessant aussieht. Es sind allerdings
mehr Einzelexemplare für solche Pflanzungen
nötig als von breiter verzweigten Formen.

Auch wenn Gaucher sie als »leicht zu ziehen«
und »die beste und dankbarste Form für Äpfel
und Birnen« bezeichnete, haben Schnurbäume
einen großen Nachteil: Sie dürfen nicht zu stark
wachsen. Denn besonders auf guten Böden
lassen sich Apfel- und Birnbäume je nach Sorten-Unterlagen-Kombination oft schwer als
Schnurbaum in einer Größe halten, die zu bewältigen ist. Bei Äpfeln ist daher meist M 9
oder M 26 die am besten geeignete Unterlage,
bei Birne Quitte A oder auf geeigneten Standorten Quitte C.

Senkrechter Schnurbaum

Die Schnittmaßnahmen selbst sind, wie schon
erwähnt, einfach: Um einen senkrechten

Der senkrechte Schnurbaum einer Birne ist vor-
bildlich geformt. Interessant ist die Halterung an
der Wand.

MEIN RAT

Eine moderne Alternative für die traditionellen senkrechten Schnurbäume sind Säulenäpfel, die mit wenig Schnittaufwand zu attraktiven Säulen gezogen werden können. Sie sind sehr standfest, und neue Sortengruppen tragen nicht nur dekorative, sondern auch schmackhafte Tafelfrüchte (siehe auch »Säulenobstbäume« S. 73 ff.).

Schnurbaum zu erziehen, wird eine einjährige Veredlung gepflanzt und jedes Jahr auf eine Neutrieblänge von etwa 40 cm zurückgeschnitten. Die seitlich entstehenden Triebe werden durch Fruchtholzschnitt kurz gehalten und die Mitte an einem Stab – z. B. aus Bambus – gerade nach oben gezogen.

Höhe bis 5 m

Senkrechte Schnurbäume neigen besonders stark zur Bildung von Konkurrenztrieben, die rechtzeitig entfernt werden müssen. Je nach Sorten-Unterlagen-Kombination, Standort und Möglichkeiten der Pflege (Erreichbarkeit) werden senkrechte Schnurbäume meist etwa 2,50–5,00 m hoch gezogen, Lucas empfahl eine Mindesthöhe von 3–4 m.

Ist die gewünschte Höhe erreicht, wird keine Verlängerung der Hauptachse mehr zugelassen, sondern die Triebe an der Spitze werden wie Fruchtholz behandelt oder, wenn sie zu stark treiben, im Sommer auf etwa 5 mm Länge zurückgeschnitten. Die Seitenzweige schneidet

man wie bei anderen Formobstarten, allerdings wird bei senkrechten Schnurbäumen häufig ein Pflanzabstand von 50 cm gewählt, sodass das Fruchtholz etwas mehr Platz hat als die bei den mehrarmigen Palmettenformen üblichen 40 cm. Dadurch kann das Fruchtholz vor allem im unteren Bereich der Schnurbäume etwas länger werden. Pekrun warnte allerdings vor solchen Reihen eng nebeneinander gepflanzter senkrechter Schnurbäume, da ihre Wurzeln zu stark miteinander konkurrieren würden.

Halt geben

Auch wenn für die Formung nur ein Stab und kein Spalier nötig ist, sind senkrechte Schnurbäume beim Apfel wegen ihrer schwach wachsenden Unterlagen nicht standfest, sodass sie ein Gerüst zur Befestigung benötigen, vor allem sobald sie das Gewicht von Früchten tragen müssen. Pekrun wies ausdrücklich auf die Probleme hin, die frei stehende senkrechte Schnurbäume häufig bereiten, wenn ihre Haltestäbe in Bodenhöhe morsch werden und die Bäume auf ihren schwachen Unterlagen unter dem Gewicht ihrer Früchte umknicken.

Wellen- und zickzackförmiger Schnurbaum

Senkrechte Schnurbäume wurden früher gelegentlich wellen- oder zickzackförmig gezogen. Das sieht man heute kaum noch, es hätte aber einen interessanten Doppeleffekt: Zum einen sahen Pflanzungen aus solchen Schnurbäumen attraktiv aus und hatten einen hohen Zierwert, zum anderen wurde die gebildete Fruchtholzfläche größer und das Wachstum geschwächt, sodass die Bäume etwas kleiner gehalten werden konnten als gerade gewachsene Schnurbäume. Dadurch waren ihre Spitzen besser erreichbar.

Auch die Austriebsfreudigkeit der Pflanzenspitze (Akrotonie) soll etwas gebremst und der Austrieb der Seitentriebe gefördert worden sein. Lucas lobte, dass sie weniger zum Aufkahlen neigten als senkrechte Schnurbäume. Für eine gleichmäßige und attraktive Verteilung solcher Wellen- oder Zickzackformen waren aber viel Fachkenntnis, Schnittaufwand und außerdem Gestelle nötig, an die die jungen Triebe geheftet und so geformt wurden. Für wellenförmige Schnurbäume, auch als Schlangencordons bezeichnet, wurden Metallringe verwendet.

Wie bei anderen Biegungen auch, muss die Formung im weichen Zustand der jungen Triebe durchgeführt werden, wenn sie etwa 10–20 cm lang sind, also im Juni, Juli und August.

Schräger Schnurbaum

Eine andere Möglichkeit, Pflanzungen aus gut erreichbaren Schnurbäumen zu bilden, die nicht zickzack- oder wellenförmig zu formen sind, bietet die Erziehung als schräger Schnurbaum. Normalerweise wird ein Winkel von 45° gewählt, wodurch auch bei einer Länge von 3 m noch eine Höhe der Pflanzung von 2 m eingehalten werden kann. Gaucher empfahl für Äpfel und Birnen einen Abstand von 30 cm und für

Die schrägen Schnurbäume im Küchengarten von Schloss Versailles passen perfekt zum schrägen Verlauf der Treppe.

Pfirsiche 50–60 cm, aber auch beim Kernobst dürften 40 cm ratsam sein. Die Erziehung gleicht der des senkrechten Schnurbaums. Die Verlängerung des Gerüstastes wird allerdings immer auf eine nach außen/unten zeigende Knospe geschnitten.

Pekrun riet von der Erziehung schräger Schnurbäume ab, da sie einen erhöhten Aufwand an Bindearbeit erforderten und vor allem deshalb, weil durch eine schräge Pflanzung die Veredlungsstelle zu nahe an die Bodenoberfläche komme. Dadurch würden schräge waagerechte Schnurbäume verstärkt dazu neigen, sich frei zu machen und unkontrolliert stark zu wachsen.

Waagerechter Schnurbaum

Gegen Ende des 18. und Anfang des 19. Jahrhunderts kamen waagerechte Schnurbäume in Mode, die meist zur Umrandung von Rabatten

Ein waagerechter Schnurbaum in einer ungünstigen Kombination mit einer Hecke, die von unten in den Schnurbaum einwächst und dadurch schwierig zu schneiden ist.

und Beeten gepflanzt wurden. Auch heute werden noch gelegentlich waagerechte Schnurbäume zu diesem Zweck gezogen.

Waagerechte Schnurbäume sind vor allem in der Blütezeit und mit Früchten als Beetbegrenzung sehr attraktiv, und manch ein Gartenbesucher ist beeindruckt davon, was mit einem Obstbaum alles zu machen ist. Früher wurden waagerechte Schnurbäume auch gelegentlich in unterschiedlichen Höhen gezogen und dann in Kombinationen an Spaliere oder Wände gepflanzt. Lucas beschrieb Hochcordons, die in 1,50–2,00 m Höhe waagerecht geleitet wurden. Solche sind heute aber kaum noch anzutreffen.

Einarmiger waagerechter Schnurbaum

Beim einarmigen Schnurbaum wird am einfachsten eine einjährige Veredlung auf die gewünschte Höhe zurückgeschnitten – in der Regel etwa 40 cm – und ein aus der höchsten Knospe entspringender Seitenzweig daraus waagerecht geleitet. Wie bei allen horizontalen Gerüstästen ist allerdings wichtig, die vordersten etwa 20 cm des jungen Triebs leicht schräg nach oben wachsen zu lassen.

Wird sie zu früh nach unten gebunden, stellt die Triebspitze ihr Wachstum zugunsten von senkrecht entspringenden Trieben vor allem in Stammnähe ein. Niemals darf der Gerüstast leicht nach unten zeigen, eher ist ein leichtes Wachstum schräg nach oben günstig. Wie bei anderen Gerüstästen auch, werden pro Jahr nur etwa 40 cm Neutrieb stehen gelassen, der Rest im Frühjahr auf eine nach unten oder seitlich stehende Knospe zurückgeschnitten. Generell hat der waagerechte Schnurbaum einige Nachteile. Zum einen neigt er zu einem sehr starken Austrieb an der Oberseite, außerdem ist er mit einer Länge von mindestens 2 m oft wenig stabil oder braucht ein nicht immer ansehnliches festes Gerüst, am besten mit einer sehr stabilen Latte.

Beetumrandung

Die Unkrautpflege unter dem Baum und die Begrenzung des Beetes sind nicht immer einfach, da der Baum die Funktion einer Hecke mit ihren Trieben und Wurzeln nicht erfüllen kann. Beet und Weg sollten möglichst durch einen Kantenstein getrennt sein. Eine niedrige Hecke, z. B. aus Buchsbaum, unter dem waagerechten Schnurbaum ist schwierig zu schneiden, da ihre Triebe etwas in den Obstbaum hineinwachsen. Auch werden die Früchte durch hochspritzende Erde verschmutzt.

Starkes Wachstum

Birnen sind für waagerechte Schnurbäume schlechter geeignet als Äpfel, da die meisten Birnensorten zu einem straff aufrechten Wachstum neigen. Außerdem ist keine vergleichbar schwach wachsende Unterlage wie M 9 beim Apfel verfügbar. Aus diesem Grund neigen waagerechte Schnurbäume von Birnen noch stärker zur Bildung von langen Trieben auf der Oberseite, wenn man versucht, sie in diese Form zu zwingen.

Je kürzer ein waagerechter Schnurbaum ist, desto stärker neigt er zu vegetativem Wachstum

und schlechtem Blütenansatz. Pekrun rät daher, waagerechten Schnurbäumen mindesten 5 m, im Alter sogar 10 m zu gewähren.

Zweiarmiger waagerechter Schnurbaum

Zweiarmige waagerechte Schnurbäume werden ähnlich geformt wie einarmige, doch werden zu Beginn zwei Triebe aus gegenüberliegenden Knospen gezogen und in entgegengesetzte Richtungen geleitet. Besonders bei etwas stärker wachsenden Pflanzen ist das vorteilhaft, weil jede einzelne Achse dann etwas kürzer gehalten werden kann als der Gerüstast des eintriebigen waagerechten Schnurbaums.

Weil bei Kern- und Steinobstbäumen die Knospen wechselständig stehen, gibt es bei der Verzweigung einen Höhenunterschied von bis zu 2–3 cm. Dieser Unterschied verwächst aber mit der Zeit. Wer eine besonders exakte Form erzielen möchte, kann zwei Knospen auf gleicher Höhe veredeln (okulieren) und dann aus diesen beiden die Verzweigung erziehen.

Die Y-Form

Gelegentlich wurden früher zweiarmige Schnurbäume auch so gezogen, dass ihre beiden
Seitenarme nicht waagerecht geleitet wurden,
sondern in einem Winkel von 45° nach oben,
also 90° zueinander. Dadurch entstand eine
Y-Form, die auch als V-Form oder bei einer
Kombination mehrerer Pflanzen als Kreuzform
oder Belgische Hecke bezeichnet wurde. Bei
einem Pflanzabstand von etwas über 70 cm
lag der Abstand zwischen den Ästen um 40 cm.

Belgische Hecke

Y-Formen wurden vor allem in Frankreich und
Belgien im Erwerbsobstbau zu Obsthecken
gepflanzt. Die Pflanzung wurde so durchgeführt,
dass die Zweige der benachbarten Bäume sich
überkreuzten. Sie wurden aneinander fixiert,
und mit der Zeit verwuchsen sie miteinander.

Mehrere Y-Formen sind hier zu einer Belgischen Hecke
kombiniert. Sie wurde relativ niedrig gezogen.

Solche Kombinationen, vor allem von Birnbäumen, nannte man Belgische Hecken.

Ein Vorteil war, dass diese Formen relativ leicht
anzuziehen sind und nach dem Verwachsen
der Pflanzen miteinander ein sehr stabiles
Heckengeflecht bildeten. Allerdings waren die
sich kreuzenden, verwachsenen Gerüstäste
auch ein Hindernis bei Pflegemaßnahmen.

Spaliere aus einzelnen Y-Formen, die in so
weitem Abstand voneinander gepflanzt wurden,
dass sich ihre Gerüstäste – anders als bei der
Belgischen Hecke – nicht überkreuzten, waren
im Erwerbsobstbau vor allem in Italien bis in
die 1970er-Jahre verbreitet, jedoch mit weniger
strenger Erziehung und längerem Fruchtholzschnitt als beim traditionellen Formobst.

Kreuzende Äste verwachsen

Die Erziehung von Y-Formen erfolgt ähnlich
wie beim zweiarmigen waagerechten Schnurbaum. Weil die Gerüstäste nicht horizontal,
sondern schräg nach oben gezogen werden,
neigen sie weniger zur Bildung starker senkrechter Triebe und die Verlängerung der
Gerüstäste bleibt wüchsig.

Bei der Belgischen Hecke werden die sich kreuzenden Äste aneinandergebunden. Durch den
Druck, der beim Dickenwachstum der Gerüstäste entsteht, bilden sich Verletzungen an den
jungen, sich überkreuzenden Ästen, die Wundgewebe hervorbringen und dann miteinander
verwachsen. Die Bindestellen müssen allerdings
regelmäßig kontrolliert werden und dürfen nicht
so stark einschnüren, dass die Äste über ihnen
abbrechen.

Die Palmetten

Die U-Form ist die einfachste Form der Palmette, man könnte sie auch als doppelten senkrechten Schnurbaum bezeichnen. Sie soll seit Mitte des 19. Jahrhunderts verbreitet sein. Die U-Form ist relativ leicht anzuziehen, setzt aber verhältnismäßig schwaches Wachstum der Pflanze voraus – etwas stärker als beim einarmigen Schnurbaum, aber schwächer als bei den mehrarmigen Palmettenformen wie Doppel-U oder Verrier-Palmette.

Als Ausgangsform werden meist einjährige Veredlungen gepflanzt, die man auf etwas weniger als 40 cm Höhe zurückschneidet. Zwei Knospen lässt man austreiben, die übrigen jungen Triebe werden entfernt.

Die beiden obersten, noch sehr jungen Triebe werden zunächst an einem horizontalen Bambusstab in entgegengesetzter Richtung waagerecht gebunden, dann in 20 cm Abstand von der Pflanzenmitte im Winkel von 90° an zwei Bambusstäben umgebogen und senkrecht nach oben geführt. Normalerweise erreichen die beiden Triebe bis zum Herbst eine Höhe von etwa 20 – 40 cm über der Biegung.

Im folgenden Frühjahr werden die senkrechten Triebe auf etwa 10 – 20 cm über der Biegung zurückgeschnitten und eine Verlängerung der Gerüstäste an den beiden Bambusstäben weiter senkrecht nach oben gezogen. In jedem Frühjahr schneidet man auf etwa 40 cm Neuzuwachs zurück, sodass keine Kahlstellen an den Gerüstästen entstehen.

Je nach Wüchsigkeit können U-Formen etwa 2,50 – 4,00 m Höhe erreichen. Beim Kernobst sollte der Abstand der beiden senkrecht wachsenden Gerüstäste etwa 40 cm betragen. Bei Pfirsichen darf der Abstand wegen deren längeren Fruchtholzes etwas größer sein und zwischen 50 – 60 cm liegen.

Doppel-U-Form

Bei der Doppel-U-Form verzweigt sich das Gerüst zweimal, einmal über dem Stamm und dann ein zweites Mal doppelt über den beiden senkrechten Gerüstästen, die dem Stamm entspringen. Dadurch bilden sich vier senkrechte Tragäste.

Diese Doppel-U-Form einer 'Williams-Christ'-Birne ist 12 Jahre alt.

MEIN RAT

Bei der Anzucht ist wichtig, dass die waagerecht verlaufenden Verzweigungen nicht zu schräg nach oben wachsen, also aus den U keine V werden, sonst wird der Saftstrom aus dem Stamm nicht gleichmäßig genug verteilt und die inneren beiden senkrechten Gerüstäste wachsen – wie auch bei der Verrier-Palmette – stärker als die äußeren.

Die Anordnung der beiden Verzweigungen verteilt den Saftstrom von der Wurzel aus wesentlich gleichmäßiger als bei der Armleuchter- oder der Verrier-Palmette, sodass die vier senkrechten Gerüstäste der Doppel-U-Form von sich aus sehr gleichmäßig wachsen und wenig regulierende Eingriffe benötigen. Gaucher lobte diese Mitte des 19. Jahrhunderts entstandene Form daher als »die beste Form«. Sie ist sehr gut für

Äpfel auf M 9 oder M 26 geeignet, für Birnen auf Quitte A, und selbst Aprikosen oder Pfirsiche lassen sich zu Doppel-U-Formen erziehen, allerdings sollten die Abstände der senkrechten Gerüstäste 50 – 60 cm betragen.

Anzucht der Doppel-U-Form

Als Ausgangspflanze verwendet man wie bei den übrigen Formen am besten eine einjährige Veredlung, die wie sonst auch auf etwas weniger als 40 cm Höhe zurückgeschnitten wird. Die jungen Triebe aus zwei gegenüberliegenden Knospen bilden die erste waagerechte Verzweigung und werden an einem Bambusstab horizontal gezogen, wobei die Triebspitzen nicht zu früh heruntergebunden werden dürfen. In jeweils 40 cm Abstand von der Mitte – also 80 cm Abstand voneinander – werden die beiden Triebe senkrecht nach oben geleitet. Normalerweise wachsen sie im ersten Jahr etwa 20 – 40 cm nach oben.

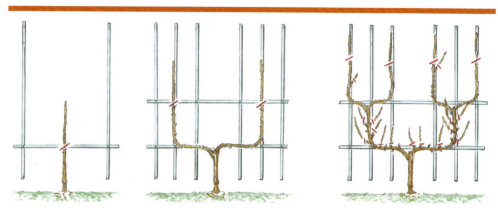

Anzucht einer Doppel-U-Form: Links Einjährige Veredlung zu Beginn des ersten, Mitte zu Beginn des zweiten und rechts zu Beginn des dritten Anzuchtjahres (meist Verpflanzjahr).

Im Frühjahr darauf werden die beiden senkrechten Triebe bis auf 10 – 20 cm über die
Biegung nach oben zurückgeschnitten. Wenn
sie lang genug geworden sind, kann der Schnitt
auch etwas unter den Verzweigungen der
beiden U, die rechts und links entstehen sollen,
durchgeführt werden. Diese Verzweigung liegt
meist 40 cm über der unteren waagerechten
Verzweigung, kann aber auch schon tiefer
ansetzen. Wie bei der U-Form wird bei beiden
U-förmigen Hälften der Pflanze rechts und links
jeweils ein Zweig an einem weiteren Bambusstab zunächst waagerecht gezogen und in
20 cm Abstand von der Mitte wieder im
90°-Winkel nach oben gebogen. Auf diese Art
entstehen vier Gerüstäste mit 40 cm Abstand
voneinander.

Fertigpflanzen aus der Baumschule
Doppel-U-Formen können auch fertig vorge-
formt aus Baumschulen bezogen werden, es ist
wohl die am häufigsten angebotene Form. Da
ihre Anzucht, wie die anderer ähnlicher Formobstbäume auch, sehr arbeitsaufwendig ist,
sind solche Pflanzen nicht ganz billig und ihr
Preis kann um 200,– € liegen. Allerdings werden etwa 2–3 Jahre Arbeit gegenüber der
Pflanzung eines einjährigen Baumes gespart.

Mehrfache U-Form

Statt zwei Verzweigungsebenen können auch
drei oder mehr angelegt werden, bei drei
Ebenen entstünden also $2^3 = 8$ U. Solche
Formen müssen auf entsprechend stärkere
Unterlagen veredelt sein. Sie werden »mehr-
fache U-Formen« genannt.

Schräge Palmette

Die schräge Palmette, auch Schrägspalier
genannt, lässt sich deutlich einfacher ziehen als
die Doppel-U-Form, da keine Biegungen im
Winkel von 90° angelegt werden, sondern ähnlich wie bei der waagerechten Palmette nur
gegenüberliegende Knospen zur Verzweigung
angeregt werden müssen.

Als Ausgangspflanzen können einjährige Veredlungen gewählt werden, häufig eignen sich
aber auch zweijährige Büsche, wenn zwei
nicht zu starke Äste gegenüberliegend in einer
passenden Höhe stehen und auf einen passenden Winkel gebogen werden können. Dann
ist ein Jahr Anzuchtdauer gespart.

Die schräge Palmette der Apfel-Sorte 'Shampion' steht in
Bad Zwischenahn im elften Standjahr.

MEIN RAT

Zur Verlängerung des mittleren, senkrechten Gerüstastes werden an Hauswänden Knospen ausgewählt, die nach vorn stehen und an frei stehenden Spalieren im Wechsel Knospen, die nach vorn und nach hinten stehend. Die schrägen Gerüstäste schneidet man immer auf nach außen stehende Knospen.

Erziehung

Beginnt man mit einem einjährigen Baum, wird der Mitteltrieb auf drei Knospen zurückgeschnitten, wovon zwei gegenüberliegend etwas unter der Höhe liegen, die für die unterste Etage vorgesehen ist, meist 40 cm. Die dritte Knospe liegt darüber, sollte nach vorn zeigen und ist als Verlängerung des Mitteltriebs vorgesehen. Die beiden seitlichen Triebe werden an Bambusstäben schräg in einem Winkel von etwa 45° zur Mitte hochgeleitet, der Mitteltrieb senkrecht an einen Stab geheftet. Wichtig ist, dass die Seitentriebe stark wachsen und nicht zu weit vom Mitteltrieb überragt werden, denn später befinden sich die unteren Etagen in der schwächsten Stellung am Baum, was das Wachstum betrifft.

Der Mitteltrieb kann eine Länge von etwa 50 – 100 cm erreichen und wird im folgenden Frühjahr auf 40 cm zurückgeschnitten. Die Seitentriebe werden ebenfalls auf eine Länge von etwa 40 cm gekürzt, eher etwas länger, damit die Endknospen nicht zu tief unter dem Mitteltrieb stehen. Im zweiten Jahr wird dann wie im ersten Jahr die zweite Etage angezogen und so weiter verfahren, bis etwa vier oder fünf Etagen entstanden sind. Auch wenn der Mitteltrieb lang genug ist für zwei Etagen, wird normalerweise nur eine Etage pro Jahr gebildet, um den unteren Gerüstästen, die im Wachstum benachteiligt sind, genug Möglichkeiten zum Wachstum und zum Ansatz von Fruchtholz zu geben.

Oben starkes Wachstum

Die Schwäche dieser an sich relativ einfachen Form ist, dass die oberen Gerüstäste immer dazu neigen, stark zu wachsen (Spitzenförderung), während die unteren schwächer austreiben. So muss also im oberen Bereich immer stärker geschnitten werden als im unteren beziehungsweise äußeren Bereich des Baumes.

Schräge Palmetten eignen sich auch einigermaßen für Steinobst und für Beerenobst. Beim Steinobst sollte der Abstand der Etagen etwas größer sein und beim Beerenobst kleiner als beim Kernobst.

Waagerechte Palmette

Die waagerechte oder horizontale Palmette ist wohl eine der ältesten Formen und soll schon im 17. Jahrhundert gezogen worden sein. Die Anzucht erfolgt wie bei der schrägen Palmette, nur werden hier die seitlichen Gerüstäste horizontal, also im 90°-Winkel zur Mittelachse, angezogen statt wie bei der schrägen Palmette im 45°-Winkel.

Da Seitenäste bei waagerechtem Wachstum zu schwach bleiben, müssen die vorderen 20 cm zunächst schräg nach oben wachsen, bevor sie an waagerechte Spalierstäbe geheftet werden. Gaucher empfahl, sie zunächst als schräge Palmette zu ziehen und später die Seitenzweige waagerecht zu biegen. Das kann aber nur relativ kurze Zeit funktionieren, vielleicht im ersten Anzuchtjahr des jeweiligen Astes, bevor sie zu dick werden und beim Flachbiegen einen Bogen bilden, der sich nicht mehr gerade drücken lässt.

Das Problem dieser Form ist, dass die unteren Etagen zu sehr schwachem und die oberen zu sehr starkem Wachstum neigen. Dafür kann die waagerechte Palmette bei entsprechend starken Unterlagen sehr breit gezogen werden, ohne dass, wie bei der schrägen Palmette im unteren äußeren Raum, ungenutzte Flächen entstehen. Die Standardunterlagen sind bei etwa 2,50 m hohen und ebenso breiten waagerechten Palmetten M 9, M 26 und Quitte A.

Stehen z. B. an Hauswänden größere Flächen zur Verfügung, die mit einem Spalier begrünt werden sollen, können auch stärker wachsende Unterlagen gewählt werden.

Cossonet-Kombination

Der französische Obstbauer Cossonet entwickelte eine interessante Kombination aus schräger Palmette und waagerechter Palmette, bei der beide Formen so nebeneinander platziert werden, dass sie sich abwechseln und die waagerechte Palmette den ungenutzten Raum von zwei schrägen Palmetten füllt. Dafür werden die oberen waagerechten Gerüstäste kurz

MEIN RAT

Wie bei der schrägen Palmette wird normalerweise pro Jahr eine Etage angelegt. In der Erziehungsphase sind die oberen waagerechten Gerüstäste kürzer als die unteren, sodass ein dreieckförmiger Aufbau entsteht. Wenn die unteren Gerüstäste die endgültige Breite erreicht haben, holen die oberen auf, bis sie zum Schluss genauso lang sind und aus dem dreieckigen Aufbau ein viereckiger geworden ist.

gehalten, sodass die Form dreieckig bleibt und nicht viereckig wird. Das hat den großen Vorteil, dass sich die unteren Etagen unter geringerem Einfluss übergeordneter Gerüstäste stärker entwickeln können.

Die waagerechte Palmette (links) ist für eine bessere Raumausnutzung als Cossonet-Kombination mit einer schrägen Palmette (rechts) gepflanzt.

Armleuchter-Palmette

Die Armleuchter-Palmette wird auch als Kandelaber oder mehrarmiger senkrechter Schnurbaum bezeichnet. Sie besitzt zwei gegenüberliegende waagerechte Gerüstäste an der Basis, aus denen in regelmäßigen Abständen von etwa 40 cm senkrechte Gerüstäste entspringen. Die Bezeichnung »Armleuchter« bezieht sich selbstverständlich auf ähnlich aufgebaute Kerzenständer und ist keine Schmähung ihrer Kultivateure. Es handelt sich um eine relativ alte Form, die gegen Ende des 18. Jahrhunderts entwickelt worden sein soll.

Innen starkes Wachstum

Gaucher gab an, dass die Armleuchter-Palmette entwickelt wurde, um die Nachteile der schrägen und die der waagerechten Palmette auszugleichen, sodass keine stärker wachsenden übergeordneten und keine schwächer wachsenden untergeordneten Gerüstäste mehr entstanden.

Es stellte sich jedoch heraus, dass bei den senkrechten Gerüstästen der Armleuchter-Palmette die inneren Äste etwas stärker wuchsen als die äußeren, sodass auch die Armleuchter-Palmette kein völlig ausgeglichenes Wachstum hervorbrachte. Daher wurden die senkrechten Gerüstäste paarweise u-förmig gezogen, was den Effekt etwas milderte, aber zumindest bei den Formen mit mehr als zwei U nicht aufhob. Der nächste Entwicklungsschritt sei dann die Verrier-Palmette gewesen. Armleuchter-Palmetten seien auf stark wachsenden Unterlagen bis zu 16 senkrechten Trieben gezogen worden.

Verrier-Palmette

Die Verrier-Palmette, auch als Gabelspalier bezeichnet, soll um 1860 von Louis Verrier, einem französischen Obstkultivateur, entwickelt worden sein. Gaucher lobte sie als die »beste, dauerhafteste und ertragreichste Form«, und

Sechsarmige Armleuchter-Palmette mit etwas ungleichmäßigen Abständen der senkrechten Tragäste.

Diese Verrier-Palmette steht im zehnten Jahr im Park der Gärten in Bad Zwischenahn.

auch Lucas bezeichnete sie als »die empfehlenswerteste aller Palmettenformen«. Sie ähnelt einer mehrfachen U-Form, allerdings sind die U nicht nebeneinander angeordnet, sondern ineinandergeschachtelt. Meist wird sie mit zwei Etagen angezogen, das heißt einem inneren U und einem äußeren U. Bei stärker wachsenden Pflanzen sind aber auch mehr Etagen möglich. Bis zu 16 Gerüstäste, also acht Etagen, sollen nach Gaucher bei Birnen auf Sämlingsunterlage möglich sein.

Außenäste stärken

Außer den üblichen Verrier-Palmetten, die aus Us zusammengesetzt sind und daher eine gerade Anzahl senkrechter Gerüstäste besitzen, gibt es auch Formen, bei denen zusätzlich die Mittelachse durchgeht, die also eine ungerade Anzahl – meist drei oder fünf – an senkrechten Gerüstästen besitzen. Eine durchgehende Mittelachse neigt aber zu besonders starkem Wachstum und wird daher meist vermieden. Trotz des Lobs von Gaucher und Lucas hat

diese Form die Schwäche, dass die Verteilung des Saftstroms nicht so gleichmäßig ist wie bei der Doppel-U-Form und das innere (mittlere) U stärker wächst als das äußere. Freriks erwähnte, dass bei großen, vieretagigen Verrier-Palmetten als Gegenmaßnahme oberhalb der zweiten Verzweigung eine schwächer wachsende Sorte aufveredelt werden könne, wodurch die beiden daraus entstehenden inneren U etwas schwächer wachsen und die unteren Etagen weniger unterdrücken.

Bis die Grundform einer Verrier-Palmette fertig ist, sollten auf jeden Fall, wie auch bei einer Armleuchter-Palmette die äußeren Äste die längsten sein.
Trotz des etwas ungleichmäßigen Wuchses wird die Verrier-Palmette häufig angezogen, vermutlich wegen ihrer dekorativen Form. Keinesfalls dürfen die inneren senkrechten Gerüstäste die äußeren deutlich deutlich überragen, sondern müssen durch Schnitt im Sommer wie im Winter gebremst werden.

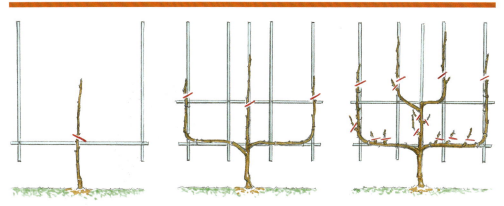

Anzucht einer Verrier-Palmette: Links Einjährige Veredlung zu Beginn des ersten, Mitte zu Beginn des zweiten und rechts zu Beginn des dritten Anzuchtjahres (meist Verpflanzjahr).

Anzucht einer zweietagigen Verrier-Palmette

Die Anzucht der zweietagigen Verrier-Palmette ähnelt der einer Doppel-U-Form. Im ersten Jahr wird eine einjährige Veredlung etwas tiefer als die unterste Etage zurückgeschnitten und aus den beiden zweit- und drittobersten gegenüberliegenden Knospen eine Verzweigung geformt, die später das äußere U bildet.

Wie bei der schrägen Palmette wird aus der obersten, möglichst nach vorne stehenden

Dieser dachförmige Laubengang aus Birnbäumen in einem Beispielgarten in Appeltern ist ähnlich wie ein freies Spalier gezogen.

Knospe eine Verlängerung des Mitteltriebs gezogen, auf der später das innere U geformt werden soll. Im ersten Sommer wird jeder Trieb etwa 1 m lang. Die beiden waagerechten Triebe werden im folgenden Frühjahr auf etwa 50 cm zurückgeschnitten und im zweiten Sommer im Abstand von 60 cm von der Mitte nach oben gebogen und zu senkrechten Gerüstästen gezogen. Den Mitteltrieb schneidet man im Frühjahr auf 40 cm über der ersten Verzweigung, und aus zwei gegenüberliegenden Knospen werden waagerechte Gerüstäste gezogen, die in 20 cm Abstand von der Mitte senkrecht nach oben geleitet werden müssen.

Nach dem zweiten Jahr haben die senkrechten Gerüstäste des äußeren U noch nicht die Höhe von denen des inneren U erreicht, sondern stehen meist tiefer. Durch relativ starken Schnitt der senkrechten Gerüstäste des inneren U müssen diese so weit gebremst werden, dass die äußeren nach ein paar Jahren gleich hoch wie die inneren oder besser etwas höher sind, und in Saftwaage geschnitten werden können. Damit ein ausreichend dichter Fruchtholzbesatz entsteht, sollten die äußeren Gerüstäste jährlich im Frühjahr auf maximal 40 cm Neutrieblänge eingekürzt werden, die inneren je nach Länge der äußeren auf 20–30 cm und wenn die Höhe gleich ist, ebenfalls auf 40 cm. Eine solche zweietagige Verrier-Palmette ist wie das Doppel-U 120 cm breit und wird je nach Wüchsigkeit auf eine Höhe von rund 2,50 m geschnitten, sodass sie gut erreichbar ist. Wie die Doppel-U-Formen, werden auch häufig fertige Verrier-Palmetten in Baumschulen angeboten, sodass die ersten 2–3 Jahre der Formung eingespart werden können.

Sonstige zweidimensionale Formen

Es gibt natürlich unendlich viele weitere an Spalieren zweidimensional gezogene Obstbaumformen wie z.B. die Wechselpalmette nach Lepage, bei der wechselnd Triebe bogenförmig gezogen werden. Sie ist einfach anzuziehen und pflegeleicht.

In Schloss Gaasbeek stehen Zirkelformen, bei denen die Gerüstäste von Palmetten kreisförmig in mehreren Ringen umeinander gezogen werden. Auch Herzen und andere Formen sind möglich, sofern die entsprechenden Schablonen zur Verfügung stehen.

Triebspitzen können aneinander veredelt (ablaktiert) werden, sodass geschlossene Formen entstehen. Mit etwas Aufwand und Geduld können so sehr schöne Muster entstehen. Allerdings ist es schwierig, Äste nach unten zu leiten und dabei wüchsig zu erhalten, wie z.B. bei der Mitte der Oberseite der Herzform.

Einen Laubengang formen

Eine interessante und früher weitverbreitete Form, aus Spalieren dreidimensionale Konstruktionen zu erschaffen, waren Laubengänge. Aus Hainbuchen und ähnlichen Heckenpflanzen haben Laubengänge eine lange Tradition, aber im 19. Jahrhundert ging man dazu über, auch aus Formobstbäumen Laubengänge anzulegen. Dazu eignen sich am besten einfache Formen wie waagerechte Palmetten oder freie Fächer. Wichtig ist ein stabiles, eisernes Gestell (siehe »Befestigung am Spalier« S. 116 ff.), da Obstgehölze weniger standfest sind als beispielsweise Hainbuchen. Laubengänge sind eigentlich an den Seiten mit Zweigen bewachsen, gelegentlich wird aber auch nur das Dach aus Zweigen gebildet. Sie spenden im Sommer Schatten, ihr Hauptzweck sind aber gestalterische Funktionen.

Dachförmige Kronen

Auch die Kronen von Einzelbäumen können als Dächer geformt werden, ähnlich wie es bei Platanen üblich ist. Meist werden Pflanzen auf standfesten Unterlagen gewählt, die relativ stark wachsen und lange brauchen, bis sie blühen und fruchten.

Für die Formung muss ein Gerüst aus Bambusstäben oder Metall in der Krone befestigt werden, an dem die Gerüstäste waagerecht gezogen werden, am einfachsten wie bei einer freien Fächerform.

Die Krone dieser Nashi-Birne ist dachförmig gezogen, der Schnitt entspricht dem eines freien Fächerspaliers.

Dreidimensionale Einzelformen

Weniger verbreitet als zweidimensionale Formobstbäume an Spalieren sind die dreidimensionalen, die als Einzelpflanzen frei stehend
geformt werden. Ihre Anzucht ist besonders
zeit und arbeitsaufwendig und erfordert sehr
gute Fachkenntnisse. Daher stellen sie auch
die Krönung des Formobstschnitts dar.

Mit den Bezeichnungen der unterschiedlichen
Formen geht es etwas durcheinander. Die
Begriffe Armleuchter-Pyramide und Flügelpyramide werden unterschiedlich verwendet
und ebenso die Ausdrücke Becher-, Vasen- und
Kesselform. Der folgende Text orientiert sich an
der Begriffszuordnung von Gaucher.

Pyramide

Gaucher beschrieb vor über 100 Jahren Pyramidenformen, die allerdings nicht mit den
heutigen Pyramidenkronen von Hoch- und
Halbstämmen verwechselt werden dürften. Es
handelte sich um Bäume mit kurzem Stamm,
deren Verästelung sich gleichmäßig über die gesamte Stammverlängerung verzweigte und sich
von unten nach oben verjüngte. Er rühmte sie
als die »schönste Form« und empfahl: »Wer mit
dem Platz nicht zu geizen hat, soll sie ziehen.«
Als Unterlagen nannte Gaucher seltsamerweise
Sämlinge, was einerseits gut für die Standfestig-
keit solcher frei stehender Bäumchen ist, aber
andererseits starkes Wachstum hervorruft.

Er unterschied in gewöhnliche Pyramiden,
deren Äste spiralförmig über die Gesamtlänge
des Stammes verteilt waren, und regelrechte
Pyramiden. Im Inneren der gewöhnlichen Pyramide leide durch die relativ starke Beschattung
allerdings der Fruchtansatz. Daher sei die regelrechte Pyramide vorzuziehen. Diese habe einen
weiteren Abstand der Seitenzweige voneinander, wodurch das Fruchtholz sich am gesamten
Ast verteile, der geradlinig im Winkel von etwa
40° an Stäben gezogen werde. Gaucher be-
tonte aber den höheren Bedarf an Kenntnissen
und Arbeitszeit, der für die Anzucht und Pflege
regelrechter Pyramiden nötig sei.

Solch eine regelrechte Pyramide mit gleichmäßig
verteilten gestäbten Seitentrieben ist heute wohl
nicht mehr zu finden.

Eine weitere von Gaucher beschriebene Pyramidenform ist die Spindel-Pyramide. Sie stehe zwischen Pyramide und Spindel, sei breiter als die Spindel und schmaler als die Pyramide. Beccaletto und Retournard erwähnten sie ebenfalls, sie sei schon 1816 in Paris zu sehen gewesen. Als Unterlage empfahlen die beiden für Äpfel die mittelschwach wachsenden Typen MM 106 oder MM 111. Ihr Nachteil sei, dass die Äste sich neigten und unter dem Gewicht abzubrechen drohten.

Die von Gaucher beschriebenen Pyramidenformen sind im Grenzbereich zwischen Spindelbusch und dreidimensional gezogenem Formobst einzuordnen und scheinen heute nicht mehr verbreitet zu sein. Allerdings wagen sich sehr erfahrene Formobstspezialisten an ihre Weiterentwicklungen wie Flügel-, Armleuchterpyramiden sowie Vasen- beziehungsweise Kesselformen.

Flügelpyramide

Gaucher beschrieb die Flügelpyramide als eine regelrechte Pyramide, bei der die Zweige von jeder Etage übereinanderstehen, sodass sie regelrechte Flügel bilden. Drei, vier oder fünf Etagen könnten übereinandergesetzt werden. Am besten seien fünf Flügel, denn drei oder vier seien zu wenig. Als Abstand der Äste voneinander empfahl er 30 cm.

Die Anzucht erfolgt wie bei einer regelrechten Pyramide. Der Mitteltrieb muss an einer Stange befestigt werden, am besten aus Stahl, für die Flügel werden entsprechend viele, also am besten fünf, Drähte von der Spitze zum Boden geführt, dort fest verankert und dann gespannt.

Armleuchter-Pyramide

Ähnlich der Flügelpyramide ist die Armleuchter-Pyramide. Am besten geeignet sind Formen mit sechs seitlichen Gerüstästen. Bei der Anzucht wird wieder eine einjährige Veredlung zurückgeschnitten. Die notwendigen sechs Seitenäste können allerdings nicht aus sechs Augen des Jungbaumes gezogen werden, da der Abstand zwischen diesen zu groß wäre. Daher wird aus der obersten Knospe die Verlängerung des Mitteltriebs gezogen und nur die nächsten drei an Bambusstäben waagerecht geleitet, sternförmig voneinander weg stehend. Der Mitteltrieb wird senkrecht gezogen und auf einer Höhe von etwa 50 cm entspitzt, um die drei waagerechten Gerüstäste zu fördern.

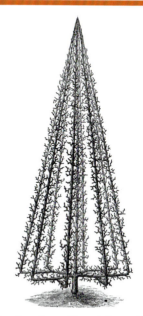

Die Armleuchter-Pyramide auf dem Stich von Nicolas Gaucher entspricht einer Idealform, die in der Praxis wohl schwer zu erreichen ist.

Im darauffolgenden Frühjahr werden die drei waagerechten Gerüstäste auf etwa 40 cm Länge zurückgeschnitten und dann je Gerüstast zwei Triebe aus den beiden äußersten Knospen v-förmig weiter waagerecht gezogen, sodass sechs waagerechte Gerüstäste entstehen. Im gewünschten Abstand von der Mitte werden die seitlichen Gerüstäste von der Waagerechten in die Senkrechte gebogen und aufrecht gezogen, dabei leicht zur Mitte hin geneigt.

An der Mitte wird wie bei der Flügelpyramide ein Eisenrohr im Boden befestigt und von der Spitze dieses Rohrs aus sechs Drähte nach

Diese junge Armleuchter-Pyramide im Küchengarten von Schloss Versailles befindet sich noch in der Anzuchtphase.

unten geführt, im Boden z. B. mit Erdankern befestigt und gespannt. An diesen Drähten können die seitlichen Gerüstäste bis zur Mitte geführt werden. Jährlich wird, wie bei anderen Obstformen auch, ein Zuwachs von etwa 40 cm zugelassen. Die Mitte bleibt zunächst etwas kürzer, bis die seitlichen Gerüstäste ihre Höhe erreicht haben. Sind nach einigen Jahren alle seitlichen Gerüstäste an der Triebspitze der Mitte angekommen, werden sie an ihrer Innenseite etwas verwundet, aneinander fixiert, und sie verwachsen miteinander (Ablaktierung).

Solche Armleuchter-Pyramiden, die gelegentlich als »Flügelpyramiden« bezeichnet werden, kann man auch mit mehr als sechs Gerüstästen ziehen: je höher und breiter die Pflanzen wachsen sollen, desto mehr seitliche Gerüstäste sind möglich. Bei mehr als sechs Gerüstästen empfiehlt es sich, sie im oberen Drittel paarweise miteinander zu verbinden, damit an der Spitze nicht zu viele Zweige aufeinandertreffen. Zur Stabilisierung der Form können ein oder zwei Metallringe eingebaut werden, an denen dann die Drähte befestigt werden. Es wurden viele Variationen beschrieben, z. B. von ähnlichen Pflanzen, bei denen die seitlichen Gerüstäste in mehreren Etagen gebildet und dann miteinander verbunden wurden.

Wenn die waagerechten Gerüstäste aus derselben Höhe entspringen sollen, ist es auch möglich, bei etwas dickeren Pflanzen mehrere Knospen durch Okulation gegenüberliegend auf eine Höhe zu veredeln. Je nach Größe eignen sich mittelschwach bis mittelstark wachsende Unterlagen wie M 26, MM 106, M 7 oder bei Birnen Quitte A.

Becher, Kesselbaum und Vase

Ähnliche Formen, deren seitliche Gerüstäste nicht pyramidenförmig zur Mitte hin wachsen, sondern senkrecht und dadurch eine oben offene, runde Form bilden, werden als Becher-, Vasen- oder Kesselformen bezeichnet. Die Anzucht ist ähnlich wie die der Armleuchter-Pyramide, allerdings fehlt der Mitteltrieb.

Je nach erwünschter Breite und dadurch bedingter Anzahl an senkrechten Gerüstästen werden zunächst zwischen drei und fünf waagerechte Gerüstäste angezogen, die mehrmals durch Rückschnitt wie bei der Armleuchter-Pyramide verdoppelt werden. Gaucher empfahl für einen großen Becher mit 2 m Durchmesser 20 senkrechte Gerüstäste aus fünf Knospen anzuziehen, deren Triebe durch Rückschnitt und Verzweigung zweimal verdoppelt werden. Sie werden im Abstand von 30 cm zueinander nach oben gezogen und bilden die Wand des Bechers. Wie üblich werden sie jährlich auf etwa 40 cm Neuzuwachs zurückgeschnitten, damit sie keine Kahlstellen bilden. Ist die endgültige Höhe von z.B. 2 m erreicht, leitet man die Triebe an einem Metallring waagerecht und veredelt sie aneinander (ablaktieren), damit sie miteinander verwachsen.

Je nach Größe solcher Formen eignen sich mittelstark wachsende Unterlagen wie M 4, M 7, Quitte A oder schwach wachsenden Sorten auch Sämlinge. Für die Anzucht ist ein sehr stabiles Gerüst notwendig, am besten aus Metall. Zu Beginn sollten die waagerechten Gerüstäste an Bambusstäben geleitet werden, und wenn sie senkrecht wachsen, braucht jeder Gerüstast einen Stab. Diese senkrechten Stäbe müssen mit mehreren Metallringen fixiert werden. Allerdings sollte dieses Gestell erst installiert werden, wenn die waagerechten Gerüstäste mit ihren Verzweigungen, die den »Boden« bilden, fertig sind, da diese nach dem Aufbau des Gerüsts mit den senkrechten Stäben nur noch schlecht zugänglich sind.

Becherkronen auf Hochstamm

Abgesehen von den beschriebenen streng geformten Bechern und Vasen gibt es auch Becherkronen, die auf stärker wachsenden Hoch- und Halbstämmen gezogen werden und deren »Wand« ähnlich wie ein ungleichmäßiges Fächerspalier geformt wird. Der Stamm der Pflanze bildet dabei den Stiel des Bechers, von dem aus sich die Krone trichterförmig an einem Gestell nach oben bildet. Äste werden so daran geheftet, wie sie wachsen.

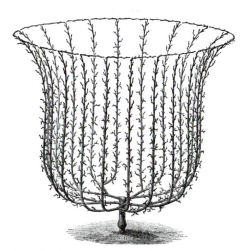

Die Becherform ist genau wie die Armleuchter-Pyramide kaum in solcher Perfektion zu finden.

Spalierschnitt in der Praxis

Nachdem der Grundaufbau der Formen beschrieben ist, soll nun darauf einge-gangen werden, wie sie zu pflegen sind, damit sie ihre Form nicht verlieren.

Fruchtholzschnitt

Durch Schnittmaßnahmen kann sichergestellt werden, dass Formobstbäume ihre Gestalt behalten und Früchte guter Qualität tragen.

Warum Fruchtausdünnung?

Wie schon im Kapitel über Blüten- und Fruchtansatz beschrieben wurde, setzen Kernobstbäume oft wesentlich mehr Blüten an, als sie Früchte tragen können. Meist sind das 4–7 Einzelblüten pro Blütenstand. Wenn der Fruchtansatz zu hoch ist, bleiben die Früchte aber klein, ihr Geschmack leidet und es besteht die Gefahr, dass sie zu wenig Blütenknospen für das nächste Jahr ansetzen. In diesem Fall droht ein Ertragsausfall im Folgejahr (Alternanz).

Zur Ausdünnung im Juni werden hier die beiden oberen, kleinen beziehungsweise deformierten Früchte abgeschnitten und die beste bleibt übrig.

Nach der Blütezeit fällt im Mai der größte Teil der Blüten ab, da sie unbefruchtet bleiben. Aus den übrigen, die am Baum geblieben sind, entwickeln sich kleine Früchte, von denen ein weiterer Teil ein paar Wochen später beim »Junifall« abgeworfen wird. Die Früchte, die Ende Juni noch am Baum hängen, bleiben normalerweise bis zur Ernte dort.

Für eine gute Ernährung benötigt ein Apfel etwa 20 Blätter. Als Faustzahl gilt daher, dass pro Blütenstand nur eine Frucht bleiben soll und die übrigen Ende Juni oder im Juli vorsichtig mit dem Fingernagel am Stiel abgekniffen oder mit der Schere abgeschnitten werden. Bei starkem Wachstum und geringem Behang können auch zwei Früchte an jedem der wenigen Blütenstände verbleiben. Vorrangig werden kranke oder deformierte Früchte entfernt und die größten und gesündesten stehen gelassen.

MEIN RAT

In den ersten 2–3 Jahren der Anzucht sollten keine Früchte an den jungen Formobstbäumen geduldet werden, damit die Pflanzen sich kräftig und gleichmäßig entwickeln. Denn Früchte können die Nährstoffe, die die Wurzel aufnimmt, und Assimilate der Krone an sich ziehen und dadurch ein gleichmäßig starkes Wachstum der Zweige stören.

Sommerschnitt und Winterschnitt des Fruchtholzes

Die wichtigste Pflegemaßnahme beim Formobst ist der Sommerschnitt des Fruchtholzes. Wird er vernachlässigt oder gar unterlassen, bilden sich lange Triebe, die die eigentliche Form überwachsen und schließlich zu einer neuen Kronenbildung führen. Bei älteren Formobstbäumen sind die Folgen leider häufig zu sehen, zum Beispiel, wenn die regelmäßige Pflege nicht mehr durchgeführt wurde, weil der Besitzer des Gartens wechselte.

Das wichtigste Ziel des Sommerschnitts ist zu verhindern, dass Auxine aus den Triebspitzen die Knospen an der Basis zu sehr in ihrer Entwicklung hemmen und sie verkümmern lassen. Aber gleichzeitig wird der Lichteinfall verbessert und die Fruchtqualität gesteigert.

Klassischer Sommerschnitt im ersten Jahr

Entsteht an einem Gerüstast ein Seitentrieb, der nicht selbst zu einem Gerüstast erzogen werden soll, muss er dem Sommerschnitt unterzogen werden, damit er sich zu kurzem Fruchtholz entwickelt. Nur sehr stark wachsende Triebe oder Triebe an unerwünschten Stellen werden ganz entfernt und auf Astring geschnitten.

Der Fachausdruck für das Entfernen der weichen Triebspitze im Sommer ist »Entspitzen« oder »Pinzieren«. Das kann mit dem Fingernagel geschehen oder, wenn der Trieb schon etwas verholzt ist, mit einer Schere oder einem Messer. Anders als beim Winterschnitt wird nicht direkt über der obersten Knospe entspitzt, sondern man lässt einen kleinen Zapfen von einigen Millimetern bis zu 1 cm Länge stehen.

Beim ersten Sommerschnitt wird der Trieb Anfang Juni auf sechs voll entwickelte Blätter zurückgeschnitten, hier bei einer Birne.

Beim zweiten Sommerschnitt wird der nach dem ersten Schnitt entstandene Neuaustrieb Ende Juli auf zwei Blätter eingekürzt.

Ende Mai oder Juni wird der junge Trieb, wenn er etwa 30 cm Länge erreicht hat, auf 4–6 gut entwickelte Laubblätter eingekürzt. Die untersten 1–2 kleinen Blätter werden hier nicht mitgezählt. Nach etwa zwei Wochen treiben die obersten Knospen aus, meist zwei von ihnen. Im Juli/August wird der unterste der Neuaustriebe auf 2–3 Blätter eingekürzt und der darüber stehende Rest des Frühjahrstriebes mit einem oder vielleicht zwei Neuaustrieben abgeschnitten. Manche Autoren empfehlen auch, die Spitze des Triebes mit Neuaustrieben zu entfernen, aber mindestens vier gut entwickelte Blätter des Frühjahrstriebes stehen zu lassen. Häufig treibt der eingekürzte Neuaustrieb im August/September erneut aus: diese Austriebe werden kurz über dem Entstehungspunkt entfernt.

Im zweiten Jahr und danach

Im März des folgenden Spätwinters beziehungsweise Frühjahr wird der Trieb auf 2–3 gut entwickelte Knospen zurückgeschnitten (Winterschnitt). Im April/Mai treibt die oberste Knospe aus und bildet einen Neutrieb, der wie im ersten Jahr ein- oder bei Bedarf mehrmals entspitzt wird.

Im nächsten März wird zu Beginn des dritten Jahres der im Vorjahr gewachsene Trieb auf eine gut entwickelte Knospe zurückgeschnitten. Wenn man Glück hat, ist aus der untersten Knospe, die im ersten Jahr gebildet worden war, bereits eine Blütenknospe geworden. Im folgenden Sommer und in den darauffolgenden Jahren wird der Sommerschnitt wie im ersten Jahr wiederholt, das heißt der neu gewachsene Trieb über dem fünften oder sechsten Blatt entspitzt und der daraus entsprungene Folgetrieb entfernt oder auf 2–3 Blätter eingekürzt.

Es wird so lange in jedem März auf eine im Vorjahr gebildete, gut entwickelte Knospe eingekürzt, bis deutlich erkennbare Blütenknospen vorhanden sind. Von da an wird über der ersten oder der zweiten Blütenknospe geschnitten.

Beim Winterschnitt im März wird der einjährige Apfeltrieb auf zwei Knospen zurück geschnitten. Es sind noch keine Blütenknospen zu erkennen.

Älteres Fruchtholz wird auf eine Blütenknospe an der Basis zurück geschnitten. Auf dem Bild wird die linke Verzweigung ganz entfernt.

Langes Fruchtholz

Freriks weist darauf hin, dass für manche Birnensorten, die am »langen Fruchtholz« blühen und dazu neigen, an der Basis der Triebe keine Blütenknospen anzusetzen – Beispiele sind 'Diels Butterbirne', 'Boscs Butterbirne' und 'Madame Verté' –, der beschriebene starke Schnitt ungeeignet ist und daher nur die langen »Holztriebe« pinziert werden dürfen, während die kürzeren und schwächeren ungeschnitten bleiben müssen, bis sie an ihren Triebspitzen Blütenknospen bilden. Auch andere Sorten wie 'Alexander Lucas' oder die 'Vereinsdechantsbirne' sollen dazu neigen, eher am langen Fruchtholz zu tragen.

Diese Eigenschaft ist abhängig vom Standort, der Unterlage sowie der Größe und dem Alter des Baumes. Wenn der Baum alt und groß genug ist oder die Fruchtbarkeit durch die Wahl einer sehr schwachen Unterlage wie Quitte C oder z. B. das Umstechen der Wurzeln gefördert wird, bilden auch die genannten Sorten an kurzem Fruchtholz Blüten und Früchte.

Lorette-Schnitt

Die beschriebene klassische Schnittmethode ist sehr zeitaufwendig, da die Formobstbäume im Sommer regelmäßig in kurzen Zeitabständen kontrolliert und geschnitten werden müssen. Im Privatgarten ist das nicht unbedingt problematisch, aber im Erwerbsobstbau sorgte der hohe Arbeitsaufwand für erhöhte Kosten, die man auch schon in vergangener Zeit einzu-

sparen versuchte. Ende des 19. Jahrhunderts entwickelte in diesem Zusammenhang Louis Lorette, Dozent an der Landwirtschaftsschule Wagonville in Frankreich, eine nach ihm benannte Schnittmethode, die einfacher und kostengünstiger als die klassische ist.

Sobald die Seitentriebe ab Mitte Juni bleistiftstark und etwa 30 cm lang sind und zu verholzen beginnen, werden sie bei dieser Methode etwa 5 mm kurz bis auf die Basisblätter zurückgeschnitten, also deutlich kürzer als beim klassischen Schnitt. Schwächere Triebe bleiben zunächst ungeschnitten und werden erst dann wie beschrieben eingekürzt, wenn sie die genannte Stärke erreicht haben. In etwa monatlichen Abständen werden die Bäume kontrolliert und die starken Triebe entsprechend eingekürzt.

Beim Lorette-Schnitt werden ab Mitte Juni stark wachsende Triebe bis auf die Basisblätter eingekürzt.

Beim letzten Schnitt – in Wagonville Ende September – werden alle nicht ausgereiften Triebe auf drei Knospen eingekürzt. Im Winter werden, wenn nötig, zu dicht stehende Triebe ausgedünnt, das heißt ein Teil von ihnen entfernt. Sonst wird kein Winterschnitt durchgeführt. Das Ziel des Lorette-Schnitts ist es, dass die Nebenknospen an der Basis der stark eingekürzten Triebe schwache Triebe bilden, die dann Blütenknospen ansetzen. Der Lorette-Schnitt war wohl bis zum Ersten Weltkrieg weit verbreitet, er soll sich allerdings nur für sehr wüchsige Pflanzen eignen und in kühleren Klimaten nicht funktionieren.

Rindenschnitte

Durch Einschnitte in die Rinde kann der Austrieb von Knospen verstärkt oder geschwächt werden, je nachdem, an welcher Stelle sie ausgeführt werden. Die Methode wird auch beim Erziehungsschnitt von naturgemäß geformten Obstbäumen gelegentlich angewendet. Sie ist

Mit einem solchen Kerbschnitt kann der Austrieb der darunter liegenden Knospe gefördert werden.

allerdings sehr arbeitsaufwendig und nicht immer erfolgreich.

Grundsätzlich stärken Schnitte oberhalb einer Knospe deren Austrieb, da sie die Wirkung der von oben kommenden Hemmstoffe (Auxine) verringern. Schnitte unterhalb einer Knospe hemmen deren Wachstum, da hierdurch die Versorgung mit Wasser und Nährsalzen von unten beeinträchtigt wird. Ähnlich reagieren auch junge Zweige, aber je älter sie werden, desto geringer ist die Wirkung.

Kerben

Bei schwachen Ästen wird im Frühjahr vor Austrieb oder auch im Hochsommer etwa 5 mm oberhalb der Entwicklungsstelle – Zweig oder Knospe – ins maximal dreijährige Holz eingeschnitten, bei stark wachsenden Ästen etwa 5 mm unterhalb. In rund 3 mm Abstand voneinander werden zwei Schnitte ausgeführt und die dazwischen liegende Rinde samt etwas Holz entfernt, sodass eine halbmondförmige Wunde entsteht. Je tiefer der Schnitt ins Splintholz reicht und je länger er ist, desto wirkungsvoller ist er. Sobald die Wunde vernarbt ist, ist die Maßnahme allerdings wirkungslos.

Ringeln und Schröpfen

Um das Dickenwachstum zu verstärken, werden gelegentlich ähnliche, aber längere Längsschnitte in die Rinde durchgeführt, die parallel zur Wachstumsrichtung verlaufen. Das nennt man in Anlehnung an eine alte Methode der

Humanmedizin »Schröpfen«. Bei jüngeren Hochstammbäumen kann das Wachstum damit gefördert werden, bei Formobstbäumen wird diese Methode jedoch kaum angewendet.

Um das Wachstum abzuschwächen, kann der Stamm »geringelt« werden, das heißt, ein etwa 1 cm breiter Rindenstreifen wird rundherum entfernt. Die Wirkung ist allerdings begrenzt. Zur Reduzierung der Wuchsstärke werden besser die Wurzeln in der oberen Bodenschicht in ausreichendem Abstand vom Stamm mit einem Spaten abgestochen.

Der Verjüngungsschnitt

Bei naturgemäß angezogenen Obstbaumkronen wird gelegentlich ein Rückschnitt (Verjüngungsschnitt) durchgeführt, wenn die Kronen überaltert sind und die Bildung junger Zweige nachlässt (Vergreisung). Dabei werden alle Tragäste mit der Säge gleichmäßig auf etwa die Hälfte oder drei Viertel ihrer Länge eingekürzt.

Formobstbäume vergreisen wegen des regelmäßigen Fruchtholzschnittes normalerweise nicht. Wurde ihre Pflege vernachlässigt, ist aber manchmal eine Verjüngung, das heißt ein starker Rückschnitt des Fruchtholzes, sinnvoll. Die Gerüstäste sollten jedoch unangetastet bleiben, da nach einem starken Rückschnitt dicker Gerüstäste hässliche Krümmungen entstehen, die die Schönheit der Form zerstören. Längere Zeit ungepflegte, im unteren Bereich verkahlte alte Formobstbäume lassen sich durch einen Verjüngungsschnitt also nicht wieder zu attraktiven Formen machen. Bei solchen

MEIN RAT

Damit sich eine möglichst gerade Verlängerung bildet, muss das Fruchtholz eines zurückgeschnittenen Gerüstastes unter der Schnittstelle bis nahe an den Stamm eingekürzt werden. Dadurch bilden sich neue Triebe aus »schlafenden Knospen« in der Rinde an den Schnittstellen. Sonst treiben nur die Spitzen des Fruchtholzes aus, wodurch besonders starke Krümmungen an der Schnittstelle entstehen würden.

Exemplaren sollte man eher überlegen, ob man die Gerüstäste nicht so lassen kann, wie sie sind.

Rückschnitt der Gerüstäste
Bei jüngeren Formobstbäumen kann ein starker Rückschnitt notwendig sein, beispielsweise wenn ein Gerüstast abgebrochen ist, der sich bei Sturm unter seiner Last von Früchten vom Spalier gelöst hat. Ein häufigerer Grund für starken Rückschnitt ist bei Apfelbäumen jedoch ein Befall mit Obstbaumkrebs. Wird die Krebswunde rechtzeitig erkannt, kann der Baum durch Entfernen des befallenen Astes vor dem Ausbreiten der Erkrankung bewahrt werden.

Ist ein Gerüstast abgebrochen oder muss er entfernt werden, sollten allerdings auch die übrigen Gerüstäste auf dieselbe Höhe eingekürzt werden, da sie sonst das Wachstum der Triebverlängerung des gekürzten Gerüstastes unterdrücken.

Säulenobstbäume

Eine interessante und einfache Möglichkeit, senkrechte Schnurbäume zu erziehen, bieten die seit einigen Jahren angebotenen Sorten von Säulenäpfeln. Auch von anderen Obstarten sind Säulenformen erhältlich.

Säulenäpfel

Seit einigen Jahren sind Säulenäpfel auf dem Markt, aus denen sich fast ohne Schnittaufwand sehr leicht schöne senkrechte Schnurbäume erziehen lassen. Die Eigenart dieser Sortengruppe ist, dass sie einen sehr dicken festen Mitteltrieb mit sehr kurzen Abständen zwischen den Knospen (Internodien) und kaum Seitentriebe bildet. Trotzdem setzen sie reich Blüten an. Säulenäpfel sind von Natur aus schwachwüchsig, sodass sie auf mittelstark wachsende, standfeste Unterlagen veredelt werden.

Der Ursprung der Säulenäpfel ist eine Mutation an einem Baum der Sorte 'McIntosh', die 1960 in Kanada von einem Obstbauern namens

Wijcik gefunden wurde und noch heute unter der Bezeichnung 'McIntosh Typ Wijcik' vermehrt wird. Das mutierte Gen war glücklicherweise dominant, sodass sich leicht aus Kreuzungen von 'McIntosh Typ Wijcik' mit anderen neuen Sorten mit Säulenwuchs züchten ließen.

Die Obstbauversuchsstation East Malling in England brachte als erster Züchter Säulenäpfel auf den Markt, die sogenannten »Ballerina«-Sorten. Sie erregten großes Aufsehen und wurden gut verkauft. Viele ihrer Besitzer wurden allerdings enttäuscht, da diese erste Generation der Säulenäpfel recht schorfanfällig war und der Geschmack ihrer Früchte nicht befriedigte.

Dieser etwa fünf Meter hohe Ballerina-Säulenapfel ist im zehnten Standjahr und weist eine leichte Krümmung auf.

Die Seitenzweige dieses Säulenapfelbaums wurden nicht geschnitten, dadurch ist er zweitriebig gewachsen.

Neue Säulenapfel-Sorten

Außer den Züchtern in East Malling nahmen auch Züchter in anderen Ländern Europas die Züchtungsarbeit auf und brachten Sorten hervor, die in Hinblick auf die Gesundheit und den Geschmack der Früchte deutlich besser sind als die »Ballerina«-Gruppe, sodass zurzeit eine große Auswahl an Säulenapfelsorten angeboten wird. Allerdings kann es in Hinsicht auf Geschmack und Lagerfähigkeit wohl keine von ihnen mit den Spitzensorten des herkömmlichen Sortiments aufnehmen. Sie sind eher als Kompromiss zwischen dem Zierwert des Säulenwuchses und der Fruchtqualität zu sehen.

Für die meisten Sorten liegen noch wenig Erfahrungen vor. Zurzeit werden daher in

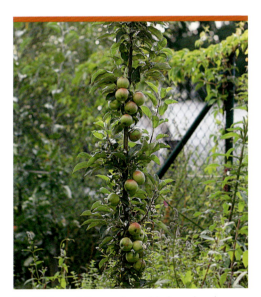

Der Säulenapfelbaum der wohlschmeckenden Sorte 'Arbat' ist im vierten Standjahr und trägt überreichen Fruchtbehang.

Deutschland an mehreren Versuchsanstalten Versuche dazu durchgeführt. In Geschmackstests an der LVWO Weinsberg schnitten die Sorten 'Starcats', 'Pomgold' und 'Goldlane' am besten ab. Von anderen Fachleuten wird auch die Fruchtqualität von 'Arbat', 'Rondo' und 'Ginover' recht hoch eingeschätzt.

Alternanz

Säulenäpfel neigen zu außergewöhnlich reichem Fruchtansatz, was zu starker Alternanz führen kann. Das kann auch innerhalb eines Baumes beobachtet werden, sodass »leere Meter« entstehen können. Fruchtausdünnung, spätestens im Juni, ist daher bei Säulenapfelbäumen besonders wichtig. Ansonsten sollen Säulenapfelbäume – auch wegen ihrer stark wachsenden Unterlagen – sehr tolerant gegen Hitze, Trockenheit und Winterfröste sein.

Züchter in ganz Europa

Von der für ihre Sortenzüchtung bekannten Obstbaumschule Delbard in Frankreich wurde die »Starline«-Gruppe auf den Markt gebracht. Aus der deutschen Forschungsanstalt Geisenheim kamen zunächst die »Artus Sagenda Trees« sowie später die »CATS«-Linie (für Columnar Apple Trees) und aus Dresden-Pillnitz die »Campanilo«-Serie. Aus Tschechien stammen die Sorten 'Rondo', 'Rhapsodie' und 'Sonate' sowie die »Minitree«-Serie.

Die »Minitree«-Serie wird auf die relativ schwach wachsende Unterlage M 26 veredelt, sodass diese Säulenapfelbäume besonders klein bleiben und nur etwa 2 m hoch werden sollen. Weitere Sorten sind in den nächsten Jahren zu erwarten.

Pflege von Säulenäpfeln

Säulenäpfel sind recht standfest, wenn sie auf verhältnismäßig starkwüchsige Unterlagen veredelt sind, sodass sie nicht unbedingt ein Spalier benötigen. In windigen Lagen und auf schwächeren Unterlagen wie M 26 oder MM 106 kann allerdings ein Pfahl hilfreich sein.

Sie haben eine starke Terminalknospe und nur schwache Seitenknospen, daher kommen sie fast ohne Schnittmaßnahmen aus. Der Terminaltrieb sollte in den ersten Jahren nicht eingekürzt werden, auch nicht bei der Pflanzung. Wenn Seitentriebe entstehen, werden diese auf etwa 2 – 3 Knospen im Sommer oder im darauffolgenden Winter eingekürzt.

Viele Sorten können über 4 m hoch werden. Erst wenn die Pflanze die gewünschte Endhöhe erreicht hat, muss auch der Terminaltrieb im Sommer, idealerweise im August, bis auf wenige Knospen eingekürzt werden – in Anlehnung an den Fruchtholzschnitt bei Formobstbäumen. Ein Pflanzabstand von 50 – 80 cm reicht in der Regel aus.

Für Fruchthecken gut geeignet

Es wäre schön, wenn aus Säulenäpfeln neben senkrechten Schnurbäumen auch andere Formen gezogen werden könnten. Da aber schon die jungen Triebe sehr fest und wenig biegsam sind, eignen sie sich zu solchen Formen nicht. Stattdessen können sie nebeneinander in Reihen gepflanzt werden und dadurch attraktive Fruchthecken ergeben.

Die Seitentriebe von Säulenapfelbäumen sollten im Sommer oder spätestens im folgenden Winter auf zwei bis drei Knospen eingekürzt werden.

Die Früchte hätten ausgedünnt werden müssen, damit Fruchtgröße, -geschmack sowie die Blütenknospenbildung nicht leiden.

'Redlane' ist ein Zierapfel der »Minitree«-Serie, den sein rotes Fruchtfleisch auszeichnen.

'Blue Moon' = 'Delcoblu' ist ein sehr attraktiver lilaroter Säulenapfel der »Starline«-Serie.

'Bolero', ein großer, gelbgrüner Säulenapfel aus der bekannten »Ballerina«-Serie. Leider ist er schorfempfindlich.

'Ginover' = 'Pompink' aus der Gruppe der »Artus Sagenda Trees« ist hellrot, sehr robust und wenig anfällig gegen Krankheiten.

Sorten von Säulenäpfeln

Sortengruppe/Sorte	Frucht	Sonstiges
Arbat	klein bis mittel, gelb/rot, Genussreife September bis November	widerstandsfähig gegen Schorf
Artus Sagenda Trees/ Ginover = Pompink	mittelgroß, gelb mit roter Deckfarbe, Pflückreife Oktober, gute Lagerfähigkeit	sehr geringe Anfälligkeit für Schorf, Mehltau, Krebs, Fruchtfäule und Blattläuse
Artus Sagenda Trees/ Galahad = Pomredrobust	gelb mit rot, Pflückreife September, geringe Lagerfähigkeit	widerstandsfähig gegen Schorf und Echten Mehltau, sehr geringe Anfälligkeit für Krebs, Fruchtfäulen und Blattläuse
Artus Sagenda Trees/ Lancelot = Pomforyou	mittelgroß, grün-gelb mit roter Deckfarbe, Mostapfel	sehr geringe Anfälligkeit für Schorf, Krebs, Fruchtfäule und Blattläuse
Ballerina/Bolero	groß, gelbgrün, Genussreife September bis Oktober	schorfempfindlich
Ballerina/Charlotte	groß, rot mit gelb, Genussreife September bis Dezember	schorfempfindlich
Ballerina/Flamenco	mittelgroß, dunkelrot, Genussreife September bis Oktober	schorfempfindlich,
Ballerina/Maypole	purpurrote Zieräpfel	schorfempfindlich, rotlaubiger Zierapfel mit roten Blüten
Ballerina/Polka	grünrot, Genussreife September	schorfempfindlich
Ballerina/Waltz	mittelgroß, dunkelrot/grün, Genussreife Oktober bis Dezember	schorfempfindlich
Berbat = Delwila	groß bis sehr groß, rot mit gelb, Genussreife September bis November	widerstandsfähig gegen Schorf
Campanilo/Cinque	groß, rot, Genussreife Mitte Oktober bis Dezember	widerstandsfähig gegen Schorf und Echten Mehltau
Campanilo/Primo	mittelgroß, gelb/rötlich, Genussreife Mitte August	widerstandsfähig gegen Schorf und Echten Mehltau
Campanilo/Quattro	mittelgroß bis groß, rot/gelb, Genussreife Mitte September bis Oktober	widerstandsfähig gegen Schorf und Echten Mehltau
Campanilo/Secundo	mittelgroß, rot, Genussreife Mitte September bis Oktober	widerstandsfähig gegen Schorf und Echten Mehltau
Campanilo/Tertio	mittelgroß, rot mit etwas gelb, Genussreife Mitte September bis Oktober	widerstandsfähig gegen Schorf und Echten Mehltau
CATS-Serie/Goldcats	groß, gelb mit roter Deckfarbe, Pflückreife September, gute Lagerfähigkeit	
CATS-Serie/Greencats	grün, Pflückreife im September, kurze Lagerfähigkeit	
CATS-Serie/Redcats	groß, rot, Pflückreife Anfang September, kurze Lagerfähigkeit	schwach wachsend
CATS-Serie/Starcats	groß, rot, Pflückreife Anfang September, kurze Lagerfähigkeit	
CATS-Serie/Suncats	groß, rot, Genussreife August/September, kurze Lagerfähigkeit	

Sortengruppe/Sorte	Frucht	Sonstiges
Coxcolumnar = Coxcolumnaria	klein bis mittelgroß, rot, Genussreife August/ September, kurze Lagerfähigkeit	schwach wachsend
Dzin	klein bis mittel, gelb/rot gestreift, Ausdünnung empfehlenswert, Genussreife September bis Oktober	widerstandsfähig gegen Schorf
McIntosh Typ Wijcik	groß, violettrot, Genussreife September bis November	anfällig für Schorf und Echten Mehltau; Ursprungssorte der Säulenäpfel
Minitrees/Goldlane	grüngelb, Pflückreife Oktober, gute Lagerfähigkeit	widerstandsfähig gegen Schorf und Echten Mehltau
Minitrees/Moonlight	gelb/rot, Pflückreife Oktober, mittlere Lagerfähigkeit	widerstandsfähig gegen Schorf und Echten Mehltau
Minitrees/Redlane	mittelgroß, rot	widerstandsfähig gegen Schorf und Echten Mehltau, rotfleischiger Zierapfel mit rotem Austrieb und roter Blüte
Minitrees/Sunlight	rot	widerstandsfähig gegen Schorf und Echten Mehltau
Rondo	groß, gelb mit roter Deckfarbe, Genussreife September bis Februar	widerstandsfähig gegen Schorf , nur wenig anfällig für Echten Mehltau
Sensation-Serie/Gold Sensation	grüngelb, Genussreife Ende August	
Sensation-Serie/Green Sensation	grün, Genussreife Oktober bis November	
Sensation-Serie/Red Sensation	dunkelrot mit gelb	
Sonate	groß, gelb mit roter Deckfarbe, Pflückreife September, kurze Lagerfähigkeit	widerstandsfähig gegen Schorf
Starline/Blue Moon = Delcoblu	groß, lilarot, Genussreife August bis September	
Starline/Fire Dance = Indian Summer = Delcolin	mittelgroß, orangerot, Genussreife September/ Oktober bis Dezember	unanfällig
Starline/Garden Fountain = Delfloden	mittelgroß, gelb mit rot, Genussreife September/ Oktober bis Dezember	
Starline/Golden Gate = Delcoga	mittelgroß, gelb mit orangerot, Genussreife September/Oktober bis Dezember	unanfällig
Starline/Green Fink = Delwibo	groß, grün mit roten Streifen	
Starline/Red River = Delcoti	groß bis sehr groß, rot, Genussreife September bis Oktober	widerstandsfähig gegen Schorf und Echten Mehltau, schwacher Wuchs
Starline/Silver Pearl = Delrovor	sehr klein, gelb/orange	Zierapfel, guter Pollenspender
Starline/Summertime = Delcosu	mittelgroß, dunkelrot, Genussreife September/ Oktober bis Dezember	schwacher Wuchs

Andere Säulenobstbäume

Säulenbäume anderer Obstarten sind nicht mit Säulenäpfeln zu vergleichen, da sie keinen so dicken Mitteltrieb und keine so engen Internodien wie die Säulenäpfel haben, die von der Sorte 'McIntosh Typ Wijcik' abstammen. Außerdem neigen sie stärker zur Bildung von Seitentrieben und weniger von Blütenknospen. Auf den Erfolg der Säulenäpfel aufbauend, werden vielmehr schlank wachsende Sorten anderer Obstarten angeboten und mit dem zugkräftigen Etikett »Säulenobst« gut verkauft. Im Versandhandel werden selbst Brombeeren als Säulenobst angeboten, was natürlich völliger Unsinn ist.

Erfahrungen sammeln

Die Säulenobst-Arten sollen aber nicht diskreditiert werden, nur weil sie nicht die typischen Eigenschaften der Säulenäpfel besitzen. Wir haben noch wenig Erfahrung mit diesen sehr unterschiedlich wachsenden Säulenobstbäumen. Der Schnitt ist an den der senkrechten Schnurbäumen angelehnt: Die Seitentriebe müssen im Sommer und im Frühjahr vor dem Austrieb eingekürzt werden. Um Kahlstellen zu vermeiden, kann außerdem ein Einkürzen des Mitteltriebs notwendig sein. Damit keine hässlichen Krümmungen entstehen, sollte aber möglichst darauf verzichtet werden. Zum jetzigen Zeitpunkt können noch wenig Ratschläge zu den einzelnen Sorten erteilt werden.

Große Sortenvielfalt

Als Säulenbirnen werden z. B. die Sorten 'Concorde' und 'Condo' angeboten, die schon länger im »normalen« Anbau sind. Die neue Sorte 'Decora' soll den schmalsten Wuchs der Birnen besitzen. Allerdings wachsen Birnen schon von Natur aus schlank und säulenförmig.

Auch von Süßkirschen, Pflaumen und Zwetschgen angeboten, bei denen es sich teilweise um schlank wachsende Neuzüchtungen, teilweise aber auch um bekannte ältere Sorten handelt.

Diese Säulenkirsche der Sorte 'Sylvia' wurde durch starken Schnitt der Seitentriebe und der Terminale in einer kompakten Säulenform gehalten.

Zwergobst für kleinsten Raum

Der Übergang von den Säulenformen zu den Zwergformen ist fließend. Einige der Sorten aus den Züchtungslinien mit 'McIntosh Typ Wijcik' wachsen sehr schwach und verzweigen sich etwas stärker, wie z. B. die Apfelsorte 'Cactus', sodass sie teils als Säulenapfel und teils als Zwergapfel angeboten werden. Viele andere Zwergsorten wachsen dagegen nicht säulenförmig, sondern eher breit. Wegen ihrer Verwendung auf Terrassen und in Kübeln und auch sonst in kleinen Gärten, ähnlich wie Säulenobstbäume, sollen die Zwergobstbäume an dieser Stelle aber kurz beschrieben werden.

Die Bezeichnung »Zwergobst« ist noch schwammiger als der Begriff »Säulenobst«. Vor 200 Jahren verstand man darunter Apfelbäume, die auf Paradiesapfel veredelt waren, oder Birnbäume auf Quittenunterlagen, die dadurch mit einer Wuchshöhe von 2 – 3 m deutlich kleiner blieben als die weitverbreiteten Hochstammbäume auf Sämlingsunterlagen. Heute sind mit »Zwergobst« noch kleinere Pflanzen gemeint, die nur bis 1,50 m hoch wachsen und zur Zierde sowie zum Naschen gedacht sind. Das Wachstum dieser Pflanzen ist zwar schwach, aber die Größe der Früchte ähnlich wie bei den Pflanzen normaler Wuchsstärke.

Zwerge durch schwache Unterlagen

Grundsätzlich gibt es zwei Möglichkeiten, bei Obstgehölzen einen Zwergwuchs zu erzielen:

die Verwendung zwergwüchsiger Sorten oder die Veredlung auf besonders schwach wachsenden Unterlagen.

Die irischen »Coronet-Trees« sind z. B. handelsübliche Apfelsorten auf der extrem schwachwüchsigen Unterlage M 27. Aus Deutschland werden »normal wachsende« Süßkirschensorten auf der ebenfalls sehr schwachwüchsigen PHL-Unterlage als Zwergbäume angeboten.

Zwergsorten für den Hausgarten

Es gibt aber auch Sorten, die von sich aus zwergförmig wachsen. Diese Bäume verzweigen sich normal, aber die Triebe sind stark gestaucht, sodass sie sehr kurze Knospenabstände (Internodien) haben und die Blätter dicht aneinanderstehen. Sehr populär sind z. B. Zwergpfirsiche. Sie sollen auf eine Mutation zurückgehen, die Ende des Zweiten Weltkriegs aus China nach Nordamerika gebracht und dort vor allem von dem Biologen und Züchter Floyd Zaiger weitergezüchtet wurde.

Im französischen Forschungsinstitut INRA sind weitere interessante Zwergsorten entstanden, vor allem von Pfirsichen, aber auch von anderen Obstsorten. Ein Beispiel ist die verbreitete Birnensorte 'Garden Pearl'. In Norditalien werden außerdem verschiedene Zwergapfelsorten (»frutti nani«) vermehrt und in den Handel gebracht, deren Herkunft nicht ganz klar ist.

Neben Zwergpfirsichen und Zwergäpfeln werden Zwergsorten fast aller Obstarten angeboten, über die wenigsten davon sind allerdings objektive Informationen zu finden. Einige werden ohne genauen Sortennamen oder bisweilen mit der Sortenbezeichnung 'Nana' gehandelt oder die Obstart nur mit Zusätzen wie »Zwerg«, oder »Lili« versehen.

Zwergäpfel

Bei den Äpfeln werden z. B. die Sorten 'Cactus', 'Super Compact' (= 'Super Compact James Grieve') und 'Pidi' (= 'Merlin') angeboten, die schwach säulenförmig wachsen und sehr widerstandsfähig gegen Schorf und Echten Mehltau sein sollen. Ohne Schnitt wachsen sie zu verzweigten, dicktriebigen Formen heran, die an einen Kaktus erinnern. Mit etwas Schnitt der Seitentriebe können aber auch sehr kompakte Säulenäpfel daraus gezogen werden.

Auf dem Markt sind auch breitkronige Zwergäpfel zu finden. Sorten wie 'Croquella' (= 'Delgrina') oder 'Mini-Cox' (= 'Coxdwarf') bilden eine rundliche Krone, bleiben aber sehr kompakt.

Auch bei Pfirsichen und Nektarinen kann bei dem normalerweise sehr reichen Ansatz der Zwergsorten ein Ausdünnen der Früchte sinnvoll sein, damit Größe und Geschmack der übrigen nicht leiden. Je nach Ansatz kann etwa die Hälfte der Früchte ausgekniffen werden, wenn sie noch jung sind.

Spur-Typen

Gelegentlich werden auch »Spur«-Typen als Säulen- oder Zwergäpfel angeboten. Dabei handelt es sich um Mutationen bekannter Sorten, die besonders intensiv kurze Fruchtspieße (= engl. *spur*) bilden.

Diese »Spur-Typen« blühen sehr reich, bilden aber nicht den ausgeprägten, dicken Mitteltrieb der Abkömmlinge von 'McIntosh Typ Wijcik'. Sie sind also nicht direkt mit den Säulenäpfeln oder den Zwergäpfeln vergleichbar. Ein Beispiel ist die Sorte 'Spurkoop', die die typischen Eigenschaften ihrer Ursprungssorte 'Roter Boskoop' besitzt, aber etwas schmaler wächst und reich-

Der Zwergapfelbaum der Sorte 'Mini-Cox' trägt schon früh Früchte und bildet eine kompakte Krone.

MEIN RAT

Grundsätzlich ist bei Zwergobstbäumen wie bei allen Obstbäumen eine ausreichende Düngung nötig, besonders wenn die Pflanzen in Kübeln stehen. Meist sind kaum Schnittmaßnahmen erforderlich, vor allem Auslichten bei zu dichten Kronen und bei alten, vergreisenden Kronen ein Rückschnitt auf unterschiedliche Trieblänge.

lich kurzes Fruchtholz ansetzt. Um Säulenbäume aus ihnen zu ziehen, ist eine etwas intensivere Formung als bei den Säulenapfelbäumen nötig.

Zwergpfirsiche richtig pflegen

Bei den Zwergpfirsich- und -nektarinensorten, die wirklich sehr kompakt wachsen und zudem dekorativ aussehen, ist das Hauptproblem ihre Gesundheit: Sie sind äußerst empfindlich gegen die Kräuselkrankheit *(Taphrina deformans)*, unter der sie sehr leiden. Wer lange Jahre Freude an ihnen haben möchte, sollte daher darauf achten, dass sie, sobald ihre Knospen im Februar/März sich zu öffnen beginnen, möglichst trocken stehen.

Eine Behandlung mit Fungiziden, beispielsweise mit kupferhaltigen Wirkstoffen, ist meist recht wirksam. Denn bereits in der Zeit des Knospenschwellens infiziert der Pilz, der die Kräuselkrankheit verursacht, die noch in der Entwick-

lung befindlichen Blätter, auch wenn die Schäden erst nach der Laubentfaltung zu erkennen sind. Außerdem muss berücksichtigt werden, dass, wie bei allen Pfirsichen und Nektarinen, die Winterhärte begrenzt ist und sie nach einigen Jahren vergreisen, sodass sie meist nicht sehr langlebig sind.

Zwergäpfel stehen meist in Kübeln und müssen dann wie Zwergpfirsiche regelmäßig umgetopft werden (siehe dort). Die regelmäßige Wasser- und Nährstoffversorgung darf ebenfalls nicht vernachlässigt werden, sonst bilden sie nicht genug Laub, um ihre Früchte zu ernähren. Diese bleiben dann klein und schmecken fad.

Dieser rotlaubige Zwergpfirsich mit typisch engen Internodien hat Früchte angesetzt.

Kleine Sortenkunde

Für den Formobstanbau steht eine breite Palette an Apfel- und Birnensorten zur Verfügung, von denen eine Auswahl hier beschrieben wird. Die Möglichkeiten, die weitere Obstarten für den Formschnitt bieten, werden kurz skizziert.

Wie erkenne ich gesunde Sorten?

Die Wahl der richtigen Sorte ist eine entscheidende Grundlage der erfolgreichen Anzucht eines Formobstbaumes. Einerseits sollte die Frucht dem Geschmack des Verbrauchers entsprechen, andererseits darf der Baum entsprechend der Unterlage und dem Standort nicht zu stark, aber auch nicht zu schwach wachsen. Auch ihre Reifezeit und Lagerfähigkeit sind zu beachten.

Der Gesundheit einer Sorte kommt im Hausgarten eine besondere Bedeutung zu, denn die wenigsten Hausgartenbesitzer wollen synthetische Pflanzenschutzmittel einsetzen, auch wenn durchaus wirksame Produkte hierfür

zugelassen sind. Biologische Alternativprodukte wirken meist schwächer, sodass ihr Einsatz bei empfindlichen Sorten oft erfolglos ist.

Die Bewertung der Gesundheit von Obstsorten ist leider recht komplex. Das Vorurteil: »Alte Sorten sind gesünder als moderne«, bewahrheitet sich in der Wirklichkeit genauso wenig wie das Vorurteil: »Alte Sorten schmecken besser als neue.« Es gibt sowohl bei alten als auch bei neuen Sorten sehr aromatische und sowohl unter den alten wie unter den neuen Sorten recht gesunde. Und »resistente« Sorten sind keineswegs gegen alle Schaderreger resistent. Einige sind gegen Schorf, andere gegen

'Super Comice Delbard' ist eine große, bauchige Herbstbirne.

Die 'Williams Christ'-Birne besticht durch ihren hervorragenden Geschmack.

Echten Mehltau und nur ein Teil gegen beide Krankheiten resistent. Mehltau- und schorfresistente Sorten können aber z. B. sehr empfindlich gegen Obstbaumkrebs oder Fruchtfäule sein. Außerdem können Resistenzen von Schaderregern durchbrochen werden, wie bei der Schorfresistenz bereits in mehreren Regionen Deutschlands geschehen. Daher gibt es leider keine absolut schorffreien Sorten.

Neben dem Studium von Sortenbeschreibungen in Fachbüchern sowie Katalogen sollte man eigene Erfahrungen sammeln und sich mit Fachleuten vor Ort austauschen. Eine gute Beratung beim Kauf von Obstbäumen ist daher sehr viel wert und sollte unbedingt in Anspruch genommen werden, da örtliche Gegebenheiten einen großen Einfluss auf die Gesundheit der

MEIN RAT

Bei der Sortenwahl ist einerseits anzuraten, Lokalsorten zu berücksichtigen, die sich in bestimmten Gegenden bewährt haben. Gleichzeitig kommen aber laufend interessante Neuzüchtungen auf den Markt, die häufig durch besonders guten Geschmack, aber auch besonders gute Gesundheit auffallen.

Sorten haben. So kann eine Sorte, die beispielsweise im feuchten Klima Norddeutschlands wegen ihrer Schorfempfindlichkeit nicht empfehlenswert ist, auf trockeneren Standorten Süddeutschlands sehr gut gedeihen.

'Topaz' ist eine der beliebtesten schorfresistenten Apfelsorten, da sie sehr gut schmeckt und lange lagerfähig ist.

Die Qual der Wahl

Das Spektrum der angebotenen Obstsorten ist so groß, dass es im Rahmen dieses Buches nur in geringem Umfang beleuchtet werden kann. Die folgenden Tabellen umfassen zum einen diejenigen Apfel- und Birnensorten, die am häufigsten von Baumschulen im deutschsprachigen Raum als Büsche angeboten werden, also als Ausgangsmaterial für Formobstbäume dienen können. Zum anderen sind diejenigen Sorten aufgeführt, die häufig als fertige Formobstbäume angeboten werden. Dadurch sind auch einige ansonsten weniger verbreitete Sorten – vor allem aus der Baum-

schule Delbard in Frankreich – berücksichtigt. In der folgenden Tabelle ist jeweils die Genussreife angegeben. Der richtige Zeitpunkt zum Pflücken (Pflückreife) liegt etwas früher, wenn der Stiel sich gut lösen und die Frucht sich leicht pflücken lässt. Damit Äpfel und Birnen gut lagerfähig sind, sollte nicht zu früh, aber auch nicht zu spät gepflückt werden. Bei manchen Sorten reifen die Früchte am Baum nicht gleichzeitig, sodass mehrmaliges Durchpflücken sinnvoll sein kann. Herbstäpfel werden meist im September gepflückt, Winteräpfel bis Mitte Oktober.

'Golden Delicious'-Äpfel schmecken vom eigenen Baum deutlich besser als ein großer Teil der Supermarkt-Ware.

'Idared' ist ein bewährter Winterapfel, der sich lange lagern lässt.

Empfehlenswerte Apfelsorten für Spaliere

Sorte	Frucht	Genussreife	Wachstum	Bemerkungen
Alkmene	mittelgroß, gelbrot, fest	Anfang September bis Anfang November	mittelstark	wenig krankheitsanfällig
Ariwa	mittelgroß, rot/gelb	November bis März	schwach	schorfresistent und widerstandsfähig gegen Echten Mehltau
Santana	groß, rot, aromatisch	Oktober bis Dezember	stark	schorfresistent, aber anfällig für Echten Mehltau; für Allergiker relativ gut verträglich
Roter Berlepsch	klein bis mittelgroß, grünlichgelb mit roter Backe	November bis März	mittelstark	Ursprungssorte 'Freiherr von Berlepsch' mit geringerer Rotfärbung, wenig krankheitsanfällig
Roter Boskoop	rotbackig, groß, säuerlich	Mitte September bis Februar	sehr stark	Ursprungssorte 'Schöner aus Boskoop' mit geringerer Rotfärbung
Cox Orangenrenette	klein bis mittelgroß, gelblichgrün mit roter Backe, besonders wohlschmeckend	September bis Ende November	mittelstark	nicht zu heißer Standort, krankheitsanfällig
Delbard Jubilé = Delgolunne	groß, rot, knackig	Oktober bis Ende Dezember	stark	
Delbarestivale = Delcorf	mittelgroß, rotbackig	Anfang August bis Ende September	mittelstark	schorfanfällig
Elstar	mittelgroß, gelb mit roter Backe, besonders wohlschmeckend	Ende August bis Mitte Dezember	mittelstark	lang anhaltendes Triebwachstum, daher schwierig als Formobst; sehr schorfempfindlich
Florina	mittelgroß, überwiegend rot gefärbt	Mitte September bis Dezember	mittelstark	schorfresistent, mäßig anfällig für Echten Mehltau
Gala	mittelgroß, orangerot auf gelb	September bis Februar	mittelstark bis stark	schorfanfällig; Typen wie 'Royal Gala' mit stärkerer Rotfärbung
Gerlinde	mittelgroß, überwiegend rot	Ende August bis Anfang September	stark	schorfresistent, leichter Befall von Echtem Mehltau möglich
Golden Delicious	mittelgroß, gelbschalig mit leichter Rötung	Mitte September bis Mitte Dezember	mittelstark	schorfanfällig
Goldparmäne = Reine de Renette	klein bis mittelgroß, gelb mit roten Streifen	Oktober bis Dezember	mittelstark	nur für warme Standorte, sonst fader Geschmack
Gravensteiner	groß, gelbgrün, rot gestreift, sehr feines Aroma	Mitte August bis Mitte Oktober	sehr stark	anfällig für Schorf und Echten Mehltau; 'Roter Gravensteiner' ähnlich, aber mit stärkerer Rotfärbung
Harmonie = Delorina	klein bis mittel, überwiegend rot	Mitte Oktober bis Dezember	mittelstark bis stark	schorffest, aber mehltauanfällig
Holsteiner Cox	mittelgroß bis groß, grünlichgelb mit roter Backe,	September bis Dezember	stark	liebt feuchtkühles Klima, widerstandsfähig gegen Schorf; 'Roter Holsteiner Cox' ähnlich, aber mit stärkerer Rotfärbung

Empfehlenswerte Apfelsorten für Spaliere

Sorte	Frucht	Genussreife	Wachstum	Bemerkungen
Idared	mittelgroß bis groß, rot	Oktober bis April	schwach bis mittelstark	für warme Standorte, anfällig für Echten Mehltau
Ingrid Marie	mittelgroß, meist rot	September bis Dezember	mittelstark	geringe Schorfanfälligkeit, aber anfällig für Fruchtfäule und Obstbaumkrebs
James Grieve	mittelgroß, gelb mit roten Streifen	Mitte August bis Anfang September	schwach bis mittelstark	'Roter James Grieve' ähnlich, aber mit stärkerer Rotfärbung
Jonagold	groß, gelbrot, sehr aromatisch	Mitte September bis Januar	stark	'Jonagored' ähnlich, aber mit stärkerer Rotfärbung
Kanadarenette	mittelgroß bis groß, gelbgrün, bräunlich berostet	Oktober bis Dezember oder April	stark	mehltauanfällig
Weißer Klarapfel	gelblichgrün	Juli bis Mitte August	mittelstark	anfällig für Echten Mehltau, weniger für Schorf
Melrose	mittelgroß, grünlichgelb mit braunroter Seite	November bis März	mittelstark bis stark	liebt warme Standorte
Notarisapfel	groß, grünlichgelb mit roten Streifen	September bis November	stark	widerstandsfähig gegen Schorf
Ontarioapfel	groß, grüngelb mit rötlicher Backe, säuerlich	November bis Mitte März	mittelstark	empfindlich gegen Echten Mehltau
Pinova	mittelgroße Früchte, meist rot	Mitte September bis Mitte Januar	schwach bis mittelstark	sehr reicher Fruchtansatz, Ausdünnen erforderlich
Régali = Delkistar	groß, dunkelrot	Mitte Oktober bis Januar	sehr stark	anfällig für Schorf und Spinnmilben, widerstandsfähig gegen Echten Mehltau
Rebella	mittel bis groß, rot/gelb	September bis Dezember	mittelstark	resistent gegen Schorf und Echten Mehltau
Reglindis	mittelgroß, gelb mit rot	September bis Oktober	mittelstark	schorfresistent, wenig anfällig für Echten Mehltau
Rubinette	mittelgroß, gelb mit roten Streifen, sehr aromatisch	Mitte September bis Mitte Dezember	mittelstark	anfällig für Schorf, Echten Mehltau und Krebs
Rubinola	mittelgroß, gelb mit roten Streifen	Oktober	stark	schorfresistent, wenig anfällig für Echten Mehltau
Stark Earliest	klein bis mittelgroß, rot/gelb	Juli bis August	schwach	schorfanfällig
Santana	groß, rot, aromatisch	Oktober bis Dezember	stark	schorfresistent, aber anfällig für Echten Mehltau; für Allergiker relativ gut verträglich
Teser = TSR 29	mittelgroß, gelb mit rot	Oktober bis Dezember	mittelstark bis stark	schorfresistent, aber etwas anfällig für Echten Mehltau
Topaz	mittelgroß, gelb mit roten Streifen, sehr aromatisch	Mitte September bis Dezember	mittelstark	schorfresistent und widerstandsfähig gegen Echten Mehltau

'Roter Boskoop' wird wegen des festen Fleisches und säuerlichen Geschmacks geschätzt.

Die Apfelsorte 'Kanadarenette' trägt auffällig gerippte, stark berostete lagerfähige Früchte.

Die Birnensorte 'Conference' ist widerstandsfähig gegen Schorf und von typisch länglicher Form.

'Fertilia Delbard' trägt besonders große, bauchige Früchte.

Empfehlenswerte Birnensorten für Spaliere

Sorte	Frucht	Reifezeit	Wachstum	Bemerkungen
Alexander Lucas	groß, bauchig, grüngelb mit leichter Rötung	Anfang Oktober bis Anfang Januar	stark	
Bosc's Flaschenbirne	groß, länglich flaschenförmig, bräunlich berostet	Anfang Oktober bis Anfang Januar	mittelstark	
Clairgeaus Butterbirne	groß, gelb mit Rötung	Oktober bis Dezember	schwach	
Clapps Liebling	mittelgroß bis große bauchige Frucht, gelb mit Rötung	Mitte August bis Mitte September	stark	schorfanfällig
Concorde	mittelgroß, länglich	Oktober bis Januar	mittelstark bis stark	
Condo	mittelgroß, länglich	Oktober bis April	mittelstark	
Conference = Konferenzbirne	mittelgroß bis groß, länglich, grünlichgelb mit bräunlicher Berostung	Anfang September bis Ende November	mittelstark	wenig schorfanfällig
Delbard d'Automne = Delsanne	groß, rund (apfelförmig), braun berostet			
Delbardélice = Deléte	bauchig			
Fertilia Delbard = Delwimor	groß, bauchig, gelb mit rötlich	November bis Februar	mittelstark	
Gellerts Butterbirne	groß, bauchig, gelb mit brauner Berostung	Anfang September bis Ende Oktober	sehr stark	schorfanfällig
Gute Luise	mittelgroß, bauchig, gelb mit rot	Anfang September bis Ende Oktober	mittelstark	schorfanfällig
Köstliche von Charneu = Bürgermeisterbirne	mittelgroß, bauchig, grüngelb mit leichter Rötung	Mitte September bis Ende November	stark	schorfanfällig
Péradel = Delbuena	länglich, gelb mit rot	November bis Januar		
Super Comice Delbard = Delbias	groß, bauchig, berostet	September bis Oktober	mittelstark bis stark	
Vereinsdechantsbirne = Doyenné de Comice	groß, bauchig, besonders aromatisch	Ende September bis Anfang Dezember	mittelstark	für warme Standorte und gute Böden
Williams Christ	mittelgroß bis groß, bauchig, besonders aromatisch	Mitte August bis Ende September	mittelstark	
Uta	mittelgroß, völlig berostet, flaschenförmig	Oktober bis Dezember	schwach bis mittelstark	wenig schorfanfällig

Weitere Obstarten für Spaliere

Die wichtigsten Obstarten für Formobst, bei denen es weitreichende Erfahrungen gibt, sind Apfel sowie Birne, die beide zum Kernobst gehören. Aus diesem Grund sind diese im bisherigen Text ausführlich behandelt worden. Grundsätzlich ist Formschnitt aber auch bei anderen Obstarten möglich. Es liegen allerdings weniger Erfahrungen damit vor, daher fallen die Beschreibungen auch deutlich kürzer aus.

Steinobst: Pflaumen und Kirschen

Steinobstarten vertragen einen starken Schnitt und das Biegen von Trieben verhältnismäßig schlecht. Sie reagieren bisweilen mit Wachstumsdepressionen und Gummifluss. Wegen mangelnder Erfahrungen und aufgrund fehlender Informationen können auch nur wenig Sortenempfehlungen gegeben werden.

Pflaumen und eng verwandte Steinobstarten sollen je nach Sorte unterschiedlich gut für den Formschnitt geeignet sein. Auch hier ist das Fächerspalier am besten geeignet, aber nach Freriks sollen 'Anna Späth' als schräge Palmette, 'Sanctus Hubertus' als U-Form mit runderer Basis und 'The Czar' als Verrier-Palmette zu ziehen sein.

Süß- und Sauerkirschen

Sauerkirschen wachsen an Spalieren am besten als freie Fächerformen ohne Mitteltrieb. Andere Formen sind kaum daraus zu ziehen, da ihre Fruchtholztriebe zum Verkahlen neigen und regelmäßig neue, lange Fruchtholztriebe gebildet werden müssen. Gelegentlich werden Sauerkirsch-Spaliere auch für Nordwände empfohlen. Ob sie an solchen Standorten mit Licht und Wärme auskommen, hängt vom Einzelfall ab.

Süßkirschen waren wegen ihres starken Wuchses auf den traditionellen Sämlingsunterlagen weder als Formobst noch als freie Fächerformen bekannt. Mit den modernen, schwach wachsenden Unterlagen wie GiSelA ist das vielleicht möglich, aber es müssten erst eigene Erfahrungen damit gesammelt werden.

Junge Süßkirschen werden im Küchengarten von Schloss Versailles zu schrägen Palmetten gezogen. Das ist nur bei der Verwendung schwach wachsender Unterlagen sinnvoll.

Steinobst:
Pfirsich und Aprikose

Wie andere Steinobstarten wachsen auch Pfirsiche an Spalieren am besten als freie Fächerform. Es werden allerdings auch U-Formen von Pfirsichen beschrieben. Der Knick wird nicht so scharf wie bei Kernobst gebogen, sondern eher in einem runden Bogen. Da das Fruchtholz sich nicht so kurz halten lässt wie das von Kernobst, muss der Abstand der Gerüstäste weiter sein, meist werden 50–60 cm statt der beim Kernobst üblichen (30–) 40 cm empfohlen.

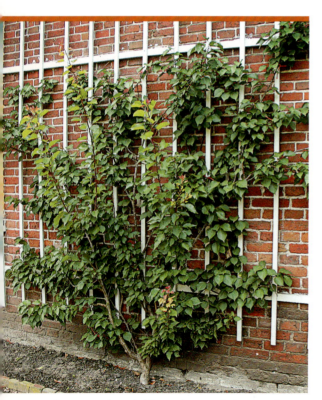

Aprikosen werden wie hier am besten als freies Fächerspalier an einer Süd- oder Südwestwand gezogen.

Freriks rät, nach der Ernte die Fruchtzweige von Pfirsichen zurückzuschneiden, um Platz für neue Triebe zu schaffen, die von der Basis des Fruchtholzes her treiben. Er unterscheidet zwischen »kurzem Schnitt«, bei dem nach dem Junifall die Triebe mit Früchten auf 6–7 gut entwickelte Blätter eingekürzt werden. Pro Trieb belässt man dabei maximal 1–2 Früchte.

Direkt nach der Ernte findet ein Rückschnitt auf einen Trieb an der Basis statt. Alternativ kann ein »langer Schnitt« durchgeführt werden, der wie ein »kurzer Schnitt« durchzuführen sei, aber Fruchttriebe sollten im Frühjahr um die Hälfte bis ein Drittel eingekürzt und waagerecht gebunden werden.

Gaucher beschrieb als »langes Pinzieren« ein Einkürzen im Sommer bei einer Trieblänge von 30–35 cm auf 25–30 cm, sehr starke Triebe auch früher. Je stärker das Wachstum des Triebes, desto stärker solle er pinziert werden. »Kurzes Pinzieren« werde wie bei Kernobst durchgeführt, aber alle neu entspringenden Seitentriebe sollten stehen gelassen und auf 2–3 Knospen entspitzt werden, sooft sie austreiben. Dieser Schnitt sei nur auf leichten Böden in warmen Lagen zu empfehlen, sonst reiften die Triebe nicht rechtzeitig aus.

Nektarinen, Aprikosen

Nektarinen werden grundsätzlich wie Pfirsiche geschnitten, sind aber im mitteleuropäischen Klima wesentlich empfindlicher als diese und daher sehr schwierig zu kultivieren. Nektarinen sind übrigens nicht, wie bisweilen angenommen, Kreuzungen aus Pfirsich und Pflaume, sondern einfach Pfirsiche mit glatter Haut.

Aprikosen können ebenfalls an Spalieren am besten als frei wachsende Fächerformen gezogen werden, aber auch Doppel-U-Formen sind möglich.

Beerenobst: Johannis- und Stachelbeere

Johannis- und Stachelbeerpflanzen sind sehr fruchtbar und blühen reich, sodass sie Schnittmaßnahmen recht gut vertragen. Allerdings sterben starke, ältere Äste nach einigen Jahren ab. Daher können einfache Formen gezogen werden, die aber aus den genannten Gründen nicht sehr langlebig sind.

Beerenobstpflanzen wachsen basitonisch, das heißt, sie treiben stark von der Basis her aus und es besteht keine Gefahr, dass die Spitzentriebe die unteren unterdrücken.

Im Erwerbsobstbau werden gelegentlich eintriebige Pflanzen an Stab und Spalier als Spindel beziehungsweise senkrechte Schnur (Cordon) gezogen, da sie dann leichter zu pflegen und zu beernten sind als Büsche. Statt mehrerer wird also nur ein einziger Tragast gezogen. Die Seitentriebe werden im Sommer auf etwa 12 cm entspitzt und im Frühjahr kurz auf etwa 2,5–5,0 cm geschnitten. Wenn die Spindel vergreist, wird der alte Mitteltrieb stark zurückgeschnitten und einer der meist reichlich vorhandenen Basistriebe als Ersatz gezogen.

Auch schräge Palmetten, waagerechte Palmetten und U-Formen sollen möglich sein. Der Abstand der Gerüstäste beträgt nur 20 cm, da

das Fruchtholz wegen der reichlichen Blüten sehr kurz gehalten werden kann. Allerdings muss häufig der starke Austrieb an der Basis entfernt werden, und es ist fraglich, ob sich der hohe Aufwand wegen der kurzen Lebensdauer lohnt.

Die einfachste und am besten geeignete Form für Johannis- und Stachelbeeren an Spalieren ist wohl die freie Fächerform.

Stämmchen

Eine übliche Form der Anzucht ist jedoch das Stämmchen. Stämmchen sehen dekorativ aus und können leichter gepflegt und beerntet werden als Büsche. Die kleine Krone wird regelmäßig ausgelichtet und die Triebspitzen etwas zurückgeschnitten, um sie locker zu halten. Allerdings neigen die einzelnen Äste zum Abbrechen, und Stämmchen sind weniger langlebig als Büsche.

Ein Johannisbeerstrauch als freies Fächerspalier gezogen lässt sich besonders leicht beernten.

Beerenobst: Brombeere

Brombeeren, Himbeeren und eng verwandte Beerenobstarten benötigen ein Spalier, um ihren Ruten Halt zu geben, gehören also im weiteren Sinne zum Spalierobst. Ihre Ruten sterben aber nach der Ernte ab, und vom Boden treiben jährlich neue aus, sodass aus ihnen keine dauerhaften Formen gebildet werden können.

Brombeeren und verwandte Arten wie Tayberry, die Japanische Weinbeere und andere bilden sehr lange Ruten, die etwa 5 m Länge erreichen können. Sie werden in dem Sommer, in dem sie entstehen, regelmäßig an einem etwa 2 m hohen Spalier befestigt. Im Spätwinter/Frühjahr werden dann die Ruten, die im Vorjahr gewachsen sind und noch nicht getragen haben, auf maximal 3 m Länge zurückgeschnitten. Pro Pflanze verbleiben etwa 4–6 Ruten.

Überzählige sowie die abgetragenen Ruten, die im Vorjahr gefruchtet haben und im Frühjahr darauf abgestorben sind, werden knapp über dem Boden abgeschnitten. Seitentriebe, die sich aus den Ruten gebildet haben, kürzt man auf 1–2 Knospen ein. Im Sommer befinden sich also an jeder Pflanze 4–6 Ruten aus dem Vorjahr, die blühen und fruchten, sowie einige neu gebildete Ruten, die im nächsten Jahr Früchte tragen werden. Man sollte die abgetragenen Ruten nicht schon im Herbst nach der Ernte entfernen, da Brombeerranken generell frostempfindlich sind und die Frostempfindlichkeit durch das Entfernen der abgetragenen Ruten zunimmt.

Beerenobst: Himbeere

Himbeeren wachsen ähnlich wie Brombeeren, bilden aber kürzere Ruten an unterirdischen

Brombeeren bilden lange Ruten, die an Spaliere geheftet werden und im zweiten Jahr ihres Wachstums blühen und fruchten.

Die Ruten vieler Himbeersorten fruchten im zweiten Wachstumsjahr, nur die der »Herbsthimbeeren« sowohl im ersten als auch im zweiten,

Ausläufern, sodass diese nicht aus einer gemeinsamen Pflanzenbasis austreiben, sondern sich am Standort »verteilen«. Sie müssen ebenfalls an einem Spalier oder zumindest Pfahl befestigt werden. Während die vorjährigen Ruten blühen und fruchten, wachsen aus dem Boden junge Ruten heran. Etwa 10 Triebe sollten pro Jahrgang und pro laufenden Meter Spalier gezogen und die übrigen entfernt werden.

Anders als bei Brombeeren können die abgetragenen oder überzähligen Ruten schon nach der Ernte abgeschnitten werden, da Himbeerruten nicht frostempfindlich sind. Bei Himbeeren ist besonders darauf zu achten, dass beim Schnitt keine Stängelreste über dem Boden stehen bleiben, da diese leicht von Krankheitserregern befallen werden und dann die verbliebenen Ruten anstecken (Rutensterben).

Die Ruten können bis zu 3 m lang werden und sollten im Frühjahr bis auf maximal 2 m zurückgeschnitten werden.

Herbsthimbeeren

Neben den »herkömmlichen« Himbeersorten, die im zweiten Jahr fruchten, gibt es auch Sorten, die das zu einem späten Zeitpunkt bereits im ersten Jahr tun und als »zweimal tragend« oder auch »Herbsthimbeeren« bezeichnet werden.

Lässt man die Ruten wie bei den herkömmlichen Sorten zwei Jahre stehen, bringen sie außer der ersten Ernte im Spätsommer des Entstehungsjahres noch eine zweite Ernte im kommenden Frühsommer. Meist werden aber im Frühjahr alle Ruten über dem Boden ab-

geschnitten, sodass sich stärkere neue Ruten bilden können, die einen reicheren Ertrag liefern als bei zweijähriger Kultur. Der Hauptvorteil der Ernte im Spätsommer ist, dass die Blüten nicht oder kaum vom Himbeerkäfer befallen werden und daher die Himbeerfrüchte madenfrei sind.

Feige

Feigenbäume lieben Wärme, sind aber frosthärter, als oft angenommen wird. Für kalte Regionen geeignete Sorten gedeihen besonders an wärmespendenden Süd- oder Westwänden recht gut. Bei jungen Pflanzen kann in starken Frostperioden eine Schattierung gegen Frostschäden nötig sein. Feigen werden in der Regel als freie Fächerspaliere gezogen, denn ihr Fruchtholz muss regelmäßig ausgelichtet werden.

Feigen werden am besten als freies Fächerspalier an Süd- oder Südwestwänden gezogen. Sie sind frosthärter, als man oft denkt.

Schlingpflanzen: Weintraube

Weinreben sind Schlingpflanzen, die mit seitlich dem Spross entspringenden Ranken Halt suchen. Sie wurden schon vor langer Zeit an Spalieren zu Formen gezogen, die waagerechten Palmetten ähnelten und diesen vermutlich auch als Vorbild dienten.

In den ersten Jahren wird aus dem jungen Rebstock ein Grundgerüst aufgebaut. Die Pflanzen können wie im Weinbau mit ein oder zwei Tragtrieben zwischen ein und zwei Meter groß gehalten werden, das Grundgerüst kann aber auch wesentlich größer werden und z. B. an Pergolen zur Beschattung von Sitzplätzen genutzt werden. Gaucher empfiehlt ein- oder zweiarmige waagerechte Cordons – der Begriff »Schnurbaum« ist bei Reben nicht üblich –, bei

Fruchtranken von Weinreben werden meist auf sechs Blätter eingekürzt, um die Fruchternährung zu sichern.

denen der Neutrieb am Ende des Gerüstastes in der Erziehungsphase auf drei Knospen zurückgeschnitten wird: zwei Knospen zur Bildung von Fruchtholz und eine zur Verlängerung des Gerüstastes. Hat die Pflanze ihre gewünschte Größe erreicht, wird nur noch ein Fruchtholzschnitt durchgeführt.

Wenn das Traggerüst fertig ist, sollten die Seitentriebe im Frühjahr auf zwei Knospen zurückgeschnitten werden. Daran bilden sich dann die Austriebe, die im Frühsommer blühen und Trauben ansetzen.

Über den Fruchtständen sollten mindestens sechs Blätter stehen bleiben. Der Rest der langen Ranken, die sich im Lauf des Sommers bilden, kann (eventuell mehrfach) abgeschnitten werden. Bei späten Sorten kann man außerdem Blätter, die die Früchte beschatten, abzupfen, um Reife und Geschmack zu fördern.

Fächerspalier

Auch Weinreben können zu freien Fächerspalieren gezogen werden, was vor allem bei dachförmigen Pergolen bevorzugt wird. Allerdings ist der Sommerschnitt wegen des sehr starken Wachstums von Weinreben dann sehr schwierig und wird meist vernachlässigt, sodass die Zweige zu dicht werden und sowohl die Blätter als auch die Früchte von Pilzkrankheiten wie Falschem Mehltau oder Grauschimmel befallen werden. Vor allem in regnerischen Regionen ist es sehr wichtig, die Reben durch Sommerschnitt locker zu halten, damit sie nach Regenfällen schnell abtrocknen können und nicht so leicht von Pilzkrankheiten befallen werden.

Schlingpflanzen: Kiwi und Weiki

Die Kiwipflanze oder Chinesischer Strahlengriffel *(Actinidia chinensis,* Syn*.: A. deliciosa)* ist ebenfalls eine Schlingpflanze, die ein Spalier als Halt braucht. Anders als die Weinrebe bildet sie keine Ranken, sondern windet sich mit ihrem Spross um ein Gestell. Meist werden freie Fächerspaliere, zweiarmige waagerechte Cordons oder waagerechte Palmetten gezogen, wobei der Abstand der Gerüstäste etwa 60 cm beträgt. In der Erziehungsphase sollte die Triebverlängerung im Spätwinter bis auf etwa 1 m pro Jahr zurückgeschnitten werden.

Ähnlich wie bei der Weinrebe wird ein Sommerschnitt durchgeführt, bei dem Seitentriebe auf 8 – 10 Blätter pinziert werden, bei Bedarf mehrmals hintereinander. Im Spätwinter werden die Seitentriebe auf 2 – 4 Knospen zurückgeschnitten. Dichtes, älteres Fruchtholz wird ausgelichtet. Kiwipflanzen sind frostempfindlich, sodass außerdem nach härteren Wintern die erfrorenen Triebe entfernt werden müssen.

Weiki und Issai

Deutlich frosthärter sind Sorten des Scharfzähnigen Strahlengriffels *(Actinidia arguta)* wie 'Weiki' (»Bayern-Kiwi«) oder 'Issai', die dafür aber kleinere Früchte bilden. Der Schnitt ist vergleichbar mit dem der Kiwis.

Beide *Actinidia*-Arten sind zweihäusig, das heißt, die meisten Sorten benötigen männliche Partnerpflanzen, damit sie Früchte ansetzen. Nur wenige Sorten wie 'Jenny' schaffen das auch ohne männliche Bestäuber. Manchmal werden allerdings zusammengetopfte Pflanzen beider

MEIN RAT

Kiwipflanzen und Weinreben »bluten«, wenn sie zu spät im Frühjahr geschnitten werden. Der Schnitt sollte daher möglichst schon im Februar erfolgen und nicht erst im März/April. Allerdings ist die Flüssigkeit, die beim »Bluten« aus den Schnittwunden läuft, nur nährsalzhaltiges Wasser, das die Wurzeln aus dem Boden pumpen, sodass keine Gefahr für die Pflanzen besteht, wirklich zu »verbluten«.

Geschlechter als »selbstfruchtbare Weiki« verkauft. Die männlichen Pflanzen, die keine Früchte tragen, können ähnlich wie die weiblichen geschnitten werden, aber etwas stärker.

Die Früchte der 'Weiki' ähneln den Kiwi-Früchten, sind aber glattschalig und deutlich kleiner.

Spalierobstbäume richtig pflegen

Die Kontrolle von Schaderregern, Winterschutz, Versorgung mit Wasser sowie Nährstoffen und vor allem eine stabile Befestigung am Spalier sind von zentraler Bedeutung für gesunde Formobstbäume und daher Thema dieses Kapitels. Wegen der Fülle von Schaderregern, die an Obstgehölzen auftreten, werden nur die wichtigsten Schädlinge und Krankheiten bei Apfel- und Birnbäumen vorgestellt.

Wie viel Pflanzenschutz ist nötig?

Spalierobstbäume können, wie andere Pflanzen auch, von Schädlingen sowie Krankheitserregern befallen und dadurch sehr stark geschädigt werden. Manche davon sind selbst im Erwerbsobstbau mit den zur Verfügung stehenden synthetischen Pflanzenschutzmitteln nur schwer unter Kontrolle zu halten.

Spalierobst bietet Lebensraum für eine breite Vielfalt an Insekten, auf die beim Pflanzenschutz Rücksicht genommen werden soll.

Abgesehen davon, dass für den Hausgarten nur eine begrenzte Anzahl solcher Pflanzenschutzmittel zugelassen ist und die Wirkung der meisten biologischen Pflanzenschutzmittel oder Pflanzenstärkungsmittel sehr begrenzt ist, möchten viele Gartenbesitzer keine regelmäßigen Pflanzenschutzbehandlungen durchführen. Daher ist das oberste Gebot im Hausgarten wie auch im Erwerbsobstbau, durch die Wahl der richtigen Sorten und Unterlagen für den jeweiligen Standort und durch die nötigen Pflegemaßnahmen so weit wie möglich Probleme mit Schädlingen und Krankheitserregern im Vorfeld zu vermeiden. Das entspricht den bewährten Grundsätzen des integrierten Pflanzenschutzes.

MEIN RAT

Die genannten Produkte und Wirkstoffe sind Beispiele ohne Anspruch auf Vollständigkeit. Sie waren zum Zeitpunkt der Bearbeitung dieses Buches für den genannten Einsatzzweck in Hausgärten in Deutschland zugelassen. Da aber die Zulassung stetigem Wandel unterzogen ist, muss sich der Anwender über die aktuelle Zulassungssituation informieren. Die Anwendungsbestimmungen in der Gebrauchsanweisung müssen unbedingt befolgt werden. Unter anderem ist auf die Wartezeiten vor der Ernte der Früchte sowie die Bienengefährlichkeit der Mittel zu achten.

Apfel: Krankheiten und Schädlinge

Apfelbäume – ob als Spalier oder Hochstamm gezogen – leiden unter einer Vielzahl von Schädlingen und Krankheiten. Eine Auswahl der wichtigsten wird hier vorgestellt.

Apfelschorf

Der Apfelschorf ist wohl eines der größten Probleme beim Apfelanbau in niederschlagsreichen Lagen. Er zeigt sich durch schmutzig olivgrüne bis braune Flecken auf den Blättern und braune oder schwarze Flecken an den Früchten. Die Symptome werden durch den Pilz *Venturia inaequalis* verursacht, der bei genügend langer Blattfeuchte die Pflanze infiziert und dann die Blätter so stark schädigen kann, dass sie abgeworfen werden. An stark befallenen Zweigen bilden sich keine Blütenknospen.

MEIN RAT

Bei der Pflege mit Schorf befallener Bäume ist daran zu denken, dass der Pilz am abgefallenen Laub überwintert und von dort im Frühjahr seine Sporen aussendet. Wenn möglich, sollte also im Herbst alles befallene Laub aus dem Garten entfernt werden. Am besten wird es über die Biotonne der kommunalen Kompostierung zugeführt, denn bei der dort üblichen Heißkompostierung sterben die Erreger sicher ab.

Außerdem befällt der Pilz die jungen Äpfel. Die Schorfflecken an der schützenden Fruchtschale bieten anderen pilzlichen Schaderregern die Gelegenheit einzudringen, sodass Früchte mit Schorfbefall schnell faulen können und schlecht lagerfähig sind.

Sorten- und Standortwahl

Der Erreger hat sich an viele synthetische Pflanzenschutzmittel gewöhnt, und er besitzt eine lange Infektionsperiode, sodass er im Erwerbsobstbau nur durch regelmäßige Behandlungen mit wechselnden Fungiziden kontrolliert werden kann. Im Hausgarten ist das schwer realisierbar, sodass Behandlungen mit den zugelassenen

Befall mit Apfelschorf zeigt sich zunächst durch olivgrüne Blattflecken, dann fällt dass Laub ab, und die Früchte werden fleckig.

synthetischen oder biologischen Produkten häufig erfolglos bleiben.

Dem Schorfbefall kann am besten durch die richtige Sorten- und Standortwahl vorgebeugt werden. In feuchten Lagen – vor allem in Norddeutschland – sollten schorfresistente oder zumindest unempfindliche Apfelsorten bevorzugt werden. An Spalieren unter Dachüberständen hingegen, unter denen die Pflanzen vor Regenfällen geschützt sind, können auch schorfempfindliche Sorten gepflanzt werden. Hier fehlt dem Erreger die für die Infektion nötige Feuchtigkeit auf den Blättern. Allerdings ist dort die Gefahr von Befall durch Echten Mehltau und Spinnmilben erhöht!

Echter Mehltau bildet hier einen weißen Belag am unteren Blütenstand. An älteren Blättern ist der Belag weniger auffällig.

Echter Mehltau

Echter Mehltau wird ebenfalls durch einen Pilz (*Podosphaera leucotricha*) verursacht, der aber anders als der Erreger des Apfelschorfs Wärme liebt und mit sehr wenig Feuchtigkeit auskommt. Während Apfelschorf ein »Schlechtwetterpilz« ist, ist Echter Mehltau also ein »Schönwetterpilz«. Daher tritt er hauptsächlich an heißen Standorten auf, in warmen Regionen oder auch an Hauswänden.

Bei starkem Befall sehen die Triebe weiß bemehlt aus (Name !!!), bei leichtem Befall ist der Belag aber nicht immer zu erkennen. Allerdings wölben sich die Blätter schiffchenartig auf, und die älteren Blätter fallen ab. Auch beim Echten Mehltau beeinträchtigt starker Befall die Blütenknospenbildung.

Wie beim Schorf ist auf die Sortenempfindlichkeit zu achten und an gefährdeten Standorten sollten resistente oder unempfindliche Sorten gepflanzt werden.

Überwinterung am Trieb
Echter Mehltau überwintert an den Knospen der Triebe. Daher sind beim Austrieb häufig nur einzelne Triebe stark befallen, an deren Knospen der Pilz überwintert hat. Diese Triebe sollten möglichst schnell abgeschnitten und entfernt werden, um den Befallsdruck zu senken. Sie können kompostiert werden, da dieser Erreger auf dem Komposthaufen schnell abstirbt. Vorbeugende Behandlungen mit Schwefelprodukten oder anderen zugelassenen Fungiziden können einen Befall mit Echtem Mehltau recht gut eindämmen.

Obstbaumkrebs

Eine weitere Krankheit, die bei Apfelbäumen und seltener auch bei Birnen großen Schaden anrichten kann, ist der Obstbaumkrebs. Er wird durch den Pilz *Nectria galligena* hervorgerufen und hat daher nichts mit Krebserkrankungen bei Menschen zu tun; Früchte von krebskranken Bäumen können deswegen bedenkenlos gegessen werden.

Der Erreger dringt durch Wunden und auch durch die Narben an der Stielansatzstelle im Herbst gefallener Blätter in die Pflanze ein. Er zerstört Rindengewebe, das daraufhin von Wundgewebe (Kallus) des Baums überwallt wird. Das Wundgewebe wird ebenfalls befallen und erneut überwallt, sodass eine braune Wunde entsteht, die einem Krebstumor ähnelt. Wird die gesamte Rinde befallen, stirbt der Ast schließlich über der Krebsstelle ab.

Krebswunden entfernen

Krebswunden müssen unbedingt entfernt werden, damit sich der Befall in der Anlage nicht verbreitet. Bei den relativ geringen Durchmessern der Gerüstäste von Formobstbäumen kann die Wunde nur im Anfangsstadium ausgeschnitten werden. Bei stärkerem Befall muss der ganze befallene Ast bis ins gesunde Gewebe, meist etwa 10 cm unterhalb der Befallsstelle, abgeschnitten und über die Biotonne entsorgt werden. Durch Krebsbefall können also ganze Äste verloren gehen und die Form des betroffenen Baumes zerstört werden (siehe Kapitel »Fruchtholzschnitt« S. 66 ff.). Wundverstrich ist beim Ausschneiden von Krebswunden zur besseren Verheilung anzuraten.

MEIN RAT

Die Entfernung von Tragästen mit Krebswunden ist ein schmerzlicher Eingriff und kann den Aufbau eines Formobstbaumes zerstören. Krebsbefall darf trotzdem nicht toleriert werden, da er sich sonst über Sporen an weiteren Ästen und Bäumen verbreitet und der Schaden dadurch von Jahr zu Jahr schlimmer wird.

Um einer Infektion vorzubeugen, sollten Schnittmaßnahmen an gefährdeten Bäumen nur bei trockenem Wetter durchgeführt werden.

Durch Befall mit Obstbaumkrebs entstehen Wunden, die nicht verheilen, sondern deren Wundkallus immer wieder abstirbt.

Einen gewissen Schutz vor dem Eindringen der Sporen nach dem Blattfall bieten Spritzungen mit Kupferpräparaten. Außerdem müssen Schnittwerkzeuge nach Kontakt mit kranken Zweigen vor einem erneuten Einsatz gereinigt und desinfiziert werden.

Fruchtfäule

Schon am Baum, vor allem aber bei der Lagerung können die Früchte von Äpfeln und Birnen

Fruchtfäule kann schon am Baum die Früchte befallen. Bei der Lagerung erkranken dann weitere Früchte und infizieren ihre Nachbarn.

faulen. Die Hauptursachen dafür sind pilzliche Krankheitserreger wie *Gloeosporium*, *Monilinia* oder *Penicillium*. Die Erreger werden durch lange Regenperioden gefördert, können aber die unbeschädigte Schale einer Frucht nur schwer durchdringen. Besonders gefährdet sind daher Früchte, die durch Schorf oder Fraßlöcher von Insekten (Wespen) oder Vögeln beschädigt sind. Vögel und Wespen fressen gern an Früchten, vor allem bei heißer und trockener Witterung. Auch vom Asiatischen Marienkäfer wird Ähnliches berichtet.

Maßnahmen gegen diese Tiere sind ausgesprochen schwierig. Zum Schutz vor Vögeln können Netze aufgehängt werden, aber Wespen und Marienkäfer kann man von den Früchten schlecht fernhalten.

Kranke Äpfel entfernen

Ist eine Frucht befallen, können die Erreger leicht auf Nachbarfrüchte, die Kontakt mit ihr haben, überwandern. Daher sollten Früchte so bald wie möglich entfernt und am besten über die Biotonne entsorgt werden. Erkrankte Früchte, die am Baum hängen bleiben, vertrocknen und bilden Fruchtmumien. Diese sollten nach der Ernte ebenfalls gepflückt oder vom Boden aufgesammelt und gründlich entsorgt werden, damit sie im Folgejahr keine Sporen verbreiten können.

Wie bei anderen Krankheiten auch ist die Sortenempfindlichkeit unterschiedlich. Sehr empfindlich ist z.B. 'Ingrid Marie', weil deren Früchte um den Blütenkelch herum oft aufreißen. Durch regelmäßigen Schnitt können die Bäume locker gehalten werden, sodass die

Früchte schnell abtrocknen und die Erreger nicht so gut infizieren können. Im Hausgarten sind bei Kernobst keine ausreichend wirksamen Fungizide gegen Fruchtfäuleerreger verfügbar.

Blattläuse

Im Frühjahr treten an den jungen Zweigen häufig Blattläuse auf. Die Grüne Apfelblattlaus *(Aphis pomi)*, die, wie ihr Name sagt, grün ist, verursacht verhältnismäßig wenig Schäden an den Trieben. Daher kann der Frühjahrsbefall mit diesem Schädling im Hausgarten meist geduldet werden, bis Nützlinge wie die Larven von Marienkäfern, Schwebfliegen, Florfliegen oder Schlupfwespen sie dezimieren. Starker Sommerbefall verursacht allerdings ernstere Schäden, die Blätter kräuseln und die Triebspitzen können absterben.

Bei kleineren Bäumen können die Läuse an den Blättern zerdrückt oder regelmäßig mit einem Wasserstrahl abgespült oder mit biologischen Insektiziden bekämpft werden. Ihre auffälligen, schwarz glänzenden Wintereier können im Frühjahr vor dem Austrieb abgebürstet oder stark befallene Triebspitzen beim Winterschnitt entfernt werden.

Gefährlich: Mehlige Apfelblattlaus

Die Mehlige Apfelblattlaus *(Dysaphis plantaginea)* und in etwas geringerem Maße ihre Verwandte, die Rosige Apfelfaltenlaus *(Dysaphis devecta)* sind wesentlich gefährlicher. Sie sind rötlich braun bis grau und mit einem leicht mehligen Belag überzogen. Die Insekten scheiden Stoffe aus, die die Zweige veranlassen,

sich zu drehen und einzurollen, sodass die Schädlinge vor Witterung, Wasserspritzern und auch vor Kontaktinsektiziden gut geschützt sind. Die Triebe stellen ihr Wachstum ein, dadurch wird der Apfelbaum geschädigt. Auch die Früchte werden deformiert, bleiben klein und schmecken fad.

Bei beginnendem starkem Befall sollte erwogen werden, die Mehlige und die Rosige Apfelblattlaus mit synthetischen, systemisch wirkenden Insektiziden zu bekämpfen, die sehr wirksam sind.

Die Mehlige Apfelblattlaus verursacht starke Blattsowie Triebverkrümmungen und ist besonders schwer zu bekämpfen.

Nagetiere

Nicht zu unterschätzen sind die Schäden, die Säugetiere an Formobstbäumen anrichten können. Vom Reh angefangen über Hasen und Kaninchen bis hin zu verschiedenen Mäusearten schmeckt vielen von ihnen die Rinde von Apfelbäumen im Winter sehr gut.

Rehe, Hasen und Kaninchen sollten durch Zäune abgehalten werden. Gegen Wühlmäuse hilft nur, die jungen Obstbäume in einen Drahtkorb zu pflanzen, der auch den Stamm umgibt. Andere Mäusearten fressen die Rinde gerne im Schutz von Mulch oder Winterschutzmaterialien an. Dieser Winterschutz sollte daher erst angelegt werden, wenn die Mäuse ihre Winterquartiere gefunden haben.

Wundverschlussmittel einsetzen

Werden frische Fraßschäden an der Rinde entdeckt, sollten sofort Wundverschlussmittel aufgestrichen werden. Dadurch wird verhindert, dass die Wunden eintrocknen. Durch rechtzeitigen Einsatz von Wundverschlussmitteln kann die Bildung von Wundgewebe und dadurch die Verheilung gefördert werden. Wenn man die Wunden allerdings erst nach Wochen entdeckt und sie schon eingetrocknet sind, ist das Aufstreichen von Wundverschlussmitteln eher ungünstig, da unter der Schicht Holz zersetzende Pilze besonders günstige Bedingungen finden. Das können auch Fungizidzusätze in den Wundverschlussmitteln nicht verhindern. Auch frisch abgebrochene Triebe können, wenn sie gerade gerichtet und fixiert sind, mit Wundverschlussmitteln bedeckt werden.

Diese Wunden sind durch Hasenfraß entstanden. Solange sie noch frisch sind, sollte ein Wundverschlussmittel aufgetragen werden.

Birne: Krankheiten und Schädlinge

Birnbäume sind eng verwandt mit Apfelbäumen. Andere Schaderreger sind daher mit denjenigen identisch, die auch Apfelbäume heimsuchen. Andere sind aber ausschließlich auf Birnbäume spezialisiert.

Birnenschorf

Auch bei Birnbäumen ist Schorf ein großes Problem. Der Verursacher *Venturia pyrina* liebt ebenfalls feuchte Witterung. Er verursacht schwarze Flecken auf den Blättern und Früchten und befällt im Gegensatz zum Apfelschorf auch in hohem Maße junge Triebe. Dort erfolgt die Überwinterung. Bei massiver Infektion können die Triebe absterben.

Befall vorbeugen

Wie beim Apfelschorf ist eine erfolgreiche Bekämpfung mit Pflanzenschutzmitteln im Hausgarten schwierig. An gefährdeten Standorten sollten widerstandsfähige Sorten gepflanzt werden. Für empfindliche Sorten kann in ungünstigen Regionen ein Dachüberstand durch seinen Schutz vor Regenwasser Abhilfe schaffen. Im Winter sollten befallene Zweige, die an schwarzer, abgestorbener Rinde erkennbar sind, entfernt und über die Biotonne entsorgt werden.

Birnengitterrost

Birnengitterrost ist in den letzten Jahren in ganz Deutschland zu einem großen Problem geworden. Die Krankheit wird durch den Rostpilz *Gymnosporangium fuscum,* Syn.: *G. sabinae,* verursacht, der zwar auch etwas Feuchtigkeit für die Infektion benötigt, aber weniger stark davon abhängig ist als der Erreger des Birnenschorfs. Der Pilz ist wirtswechselnd: Er überdauert an bestimmten Wacholderarten, bei denen er die Triebe befällt und im Frühjahr gallertartige orangefarbene Sporenträger hervorbringt. Von dort aus infiziert er das junge Laub der Birnbäume, auf dem sich orangefarbene Flecken mit Sporenlagern auf der Blattunterseite bilden. Da der Pilz hauptsächlich die Blätter befällt, kann ein leichter Befall toleriert werden. Bei starkem Befall verliert der Birnbaum aber so viel

Birnengitterrost verursacht orangerote Flecken auf den Blättern und bei starker Infektion sogar Laubfall.

grüne Blattmasse, dass er sehr darunter leiden und sogar absterben kann. Von der Birne aus infiziert der Rostpilz im Sommer wieder Wacholdersträucher. Ein Entfernen des befallenen Laubs im Herbst erübrigt sich, da der Pilz und seine Fruchtkörper mit dem Laub absterben.

Um die Birnbäume gesund zu erhalten, wird oft empfohlen, alle Zwischenwirte in der Umgebung zu entfernen. Dies ist sicher richtig, aber die Sporen des Birnengitterrosts fliegen so weit, dass auch Birnbäume, bei denen kein Wacholder in erkennbarer Nähe steht, stark befallen werden können.

Keine resistenten Sorten

Da die Infektion nur im Frühjahr stattfindet, kann Birnengitterrost mit nur wenigen Pflanzenschutzbehandlungen effektiver bekämpft werden als Apfel- oder Birnenschorf. Drei Spritzungen nach der Blüte mit einem geeigneten Fungizid können eine recht gute Wirkung entfalten.

Blattläuse und ihre Verwandten, die Birnenblattsauger, können bei starkem Befall Birnbäume schwächen.

Die Birnensorten sind ähnlich anfällig, resistente Sorten sind bisher nicht bekannt. Dafür kann – ähnlich wie beim Birnenschorf – eine Pflanzung unter einen Dachüberstand, unter dem die Blätter keinem Regen ausgesetzt sind, die Pflanze vor stärkerem Befall schützen.

Blattläuse und Birnenblattsauger

Birnen werden von verschiedenen Blattlausarten befallen, meist ist der Befall aber nicht so stark, dass Gegenmaßnahmen nötig sind. Ansonsten können dieselben Maßnahmen wie bei Apfelbäumen ergriffen werden.

Stärkere Schäden kann der Birnenblattsauger (*Psylla pirisuga*) verursachen. Er ähnelt einer Blattlaus, ist aber größer, breiter und relativ flach. Er besaugt die Blattadern und fällt vor allem durch starke Honigtaubildung auf, die zu einem schwarzen Belag von Rußtaupilzen führt. Bei starkem Befall können Saugschäden und Assimilationsverluste durch die Rußtaupilze den Birnbaum erheblich schwächen. Befallene Triebspitzen sollten entfernt werden.

MEIN RAT

Zwischenwirte für den Birnengitterrost sind Sorten der Wacholderarten wie *Juniperus sabinae*, *J. chinensis*, *J. virginiana* und *J. x media*. Der heimische Wacholder *Juniperus communis* und dessen Sorten sind keine Zwischenwirte und brauchen deswegen nicht entfernt zu werden.

Winter- und Frostschutz

Tiefe Wintertemperaturen können an Obstgehölzen unterschiedliche Schäden verursachen,
die allgemein als Frostschäden bezeichnet werden. Die Schäden sind unterschiedlicher Natur
und oft schwer vorauszusehen.

Wenn Wasser in Pflanzenzellen gefriert, führt
das bei nicht ausreichend harten Pflanzen zu
Schäden, da Eiskristalle die Zellen beschädigen
oder zerstören. Sehr weiches, wasserhaltiges
Gewebe ist dafür besonders empfindlich.

Durch im Zellsaft enthaltene Zuckermoleküle
und Salzionen erstarrt die Zellflüssigkeit
allerdings nicht bei 0 °C, sondern je nach
deren Konzentration etwas darunter, meist
zwischen −0,5 und −3 °C. Bei sehr niedrigen
Temperaturen von deutlich unter −5 °C hat die
Pflanze allerdings keine Möglichkeit, ihre Zellen
durch Einlagerung von Salzen und Zuckern vor
dem Gefrieren zu schützen. Deshalb verlagert
sie im Laufe der Abhärtung im Herbst Wasser
aus den Zellen und härtet ihre Wände, sodass
die Zellen gefrieren können, ohne dabei geschädigt zu werden. Allerdings kann in diesem
gefrorenen Zustand kein Wasser mehr in der
Pflanze transportiert werden, und Pflanzenteile,
die Wasser verdunsten, können Trockenschäden
erleiden (Frosttrocknis).

Tauen und Gefrieren

Niedrige Temperaturen allein sind bei den
winterharten Obstgehölzen daher nicht der
Hauptgrund von Winterschäden, sondern
die Frosttrocknis oder Schäden, die dadurch

entstehen, dass Pflanzenteile auftauen und
dann wieder gefrieren. Das ist besonders dann
der Fall, wenn nachts niedrige Temperaturen
herrschen, tagsüber aber andererseits die Sonneneinstrahlung schon eine gewisse Kraft besitzt. Verstärkt werden diese Schäden, wenn
frostige trockene Winde wehen, meist sind das
kalte Ostwinde.

Eine Schilfmatte als Schattierung gegen die
winterliche Nachmittagssonne bietet sicheren
Schutz vor Frostrissen.

Stammanstrich oder Schattierung

Gegen solche Witterungseinflüsse gibt es nur einen wirksamen Schutz: Die Erwärmung der Rinde verhindern! Dazu entweder die Pflanzen schattieren oder einen weißen reflektierenden Schutzanstrich auf die Rinde aufbringen. Am einfachsten ist der Baumanstrich, der allerdings mit der Zeit durch den Regen abgewaschen werden kann, sodass er bei Bedarf erneuert werden muss. Der Anstrich sollte im Dezember aufgebracht werden und bis Mitte März lückenlos dicht sein. Dünne Zweige brauchen nicht bedeckt zu werden, sondern nur der Stamm und dicke Gerüstäste.

Dieser Winterschutz aus Jutegewebe isoliert die frostempfindlichen Wurzeln des jungen Apfelbaums im Kübel gegen Kälte im Winter.

MEIN RAT

Der gefährlichste Monat für Winterschäden ist der Februar, dann entstehen die meisten Schäden durch Winterfrost. Denn in dieser Zeit besitzt die Sonneneinstrahlung schon so viel Kraft, dass sie die Rinde erwärmen und den Saftstrom der Pflanze anregen kann, sodass die Frostempfindlichkeit steigt. Vor allem kalte Ostwinde können aber gleichzeitig eisige Nachttemperaturen mit sich bringen, die das Pflanzengewebe zerstören. Daher ist besonders im Februar darauf zu achten, dass die Pflanzen gut geschützt sind!

Da so ein Anstrich nicht unbedingt attraktiv aussieht, kann man Formobstbäume auch durch Schattiermatten oder -netze schützen, die vor dem Einsetzen der stärkeren Fröste im Dezember am Spalier befestigt werden und bis Mitte März dort bleiben.

Wurzelschutz für Kübelpflanzen

Während die Zweige und Äste der in Deutschland üblichen Obstgehölze Temperaturen um −15 °C bis − 20 °C unter ansonsten günstigen Bedingungen vertragen, sind die Wurzeln wesentlich empfindlicher und können bei diesen Temperaturen schon sehr starke Schäden erleiden. Im gewachsenen Boden sinken die Temperaturen bei uns allerdings normalerweise nicht so tief ab, auch wenn er gefroren ist.

Töpfe umwickeln

In den Wurzelraum von Pflanzen, die in Töpfen oder Kübeln stehen, kann die Kälte viel stärker eindringen als in den Boden, sodass solche Pflanzen verhältnismäßig frostgefährdet sind. Am besten senkt man sie daher im Herbst mitsamt dem Topf an einem schattigen Platz im Garten in den Boden ein, hier sind die Wurzeln durch dessen Wärmereserven in aller Regel optimal geschützt.

Steht kein solcher Platz zur Verfügung oder ist der Kübel zu unhandlich, um ihn einzusenken, sollte man ihn an einen vor Wind und Sonne geschützten Ort bringen und den Wurzelbereich mit einer möglichst dicken Schicht aus isolierendem Material bedecken. Gut geeignet sind z. B. Laub, Jutegewebe, Vlies oder Noppenfolie. Je dicker die Schicht ist, desto besser. Der Bodenkontakt sollte aber nicht unterbrochen werden, denn aus dieser Wärmequelle speist sich die Temperatur in kalten Nächten.

Leider suchen auch Mäuse gern solchen Schutz auf und bauen sich dort Winterquartiere. Daher sollte man mit dem Winterschutz nicht zu früh beginnen, sondern erst, wenn die Mäuse sich nach den ersten Frostperioden an einen anderen Ort verkrochen haben und eine wirklich lang anhaltende Kälte droht.

Vorsicht bei Spätfrost

Ein ganz eigenes Problem sind Spätfröste, die nach dem Austrieb im Frühjahr auftreten. Sie können junge Blätter und Triebspitzen schädigen, besonders empfindlich sind aber

die Blüten, vor allem die Griffel. Geschlossene Apfelblüten im Ballonstadium vertragen noch Temperaturen von − 3 °C. Je weiter sie sich öffnen, desto empfindlicher werden sie. Zum Ende der Blüte werden nur noch −0,5 °C vertragen.

Im Erwerbsobstbau werden die Obstanlagen während der Blütezeit in Frostnächten zum Schutz beregnet. Im Garten können die Pflanzen mit Tüchern bedeckt werden. Formobstbäume an Mauern – besonders an Hauswänden – sind durch deren Wärmeabstrahlung aber nur wenig gefährdet.

Spätfröste zur Blütezeit können die Blüten und den jungen Fruchtansatz schädigen oder völlig zerstören. Vorbeugend kann man die Pflanzen mit Tüchern abdecken.

Düngung und Bewässerung

Für gute Gesundheit, kräftiges Wachstum und reichen Ertrag benötigen Obstbäume manchmal mehr Wasser und Nährstoffe, als der Boden ihnen liefern kann. In diesem Fall muss das, was fehlt, durch Düngung und Bewässerung ergänzt werden.

Düngung von Spalieren im offenen Boden

Der Nährstoffbedarf von Formobstbäumen ist durch den häufigen Schnitt und damit verbundenen Nährstoffentzug etwas höher als bei anderen Formen. Das bedeutet aber nicht unbedingt, dass eine besonders hohe Düngermenge ausgebracht werden muss. Auf guten Böden, die reichlich Nährstoffe liefern, kann eine Düngung sogar unnötig sein.

Mit organischen Düngern wird gleichzeitig die Nährstoffversorgung der Pflanzen sichergestellt und das Bodenleben gefördert.

Je leichter und sandiger der Boden ist, desto weniger Nährstoffe kann er speichern und desto eher ist eine Düngung nötig. Eine Düngung nach dem Motto »Viel hilft viel« wäre in diesem Fall aber völlig verkehrt.

Organisch düngen

Als grobe Faustregel gilt, dass bei einem leichten Boden, der keine nennenswerten Nährstoffmengen nachliefert, 5 g Stickstoff (N) pro m² und Jahr gedüngt werden sollten. Das entspricht etwa 30 g eines Mehrnährstoffdüngers (N-P-K von 15-5-10) pro m² oder 60 g eines organischen Düngers mit 8 % Stickstoff. Natürlich kann man auch Kompost als organischen Dünger verwenden. Eigener Gartenkompost wird mit jährlich etwa 5 l/m² gestreut, Grün- oder Biokompost aus Kompostieranlagen wird wegen seiner höheren Nährstoffgehalte mit nur etwa 2 l/m² niedriger dosiert.

Obstbäume in Töpfen düngen

Töpfe oder Kübel bieten nur einen sehr begrenzten Wurzelraum, der nicht viele Nährstoffe speichern kann. Daher müssen die Pflanzen darin regelmäßig durch Düngung versorgt werden. Herkömmliche mineralische Dünger wie »Blaukorn« eignen sich schlecht dafür, da sie ihre Nährstoffe sehr schnell freisetzen und dadurch Verbrennungen an den Wurzeln verursachen können. Andererseits werden die Nährstoffe leicht ausgewaschen, sodass bald nach der Düngung wieder Nährstoffmangel droht.

Daher sind am besten regelmäßige Gaben von Flüssigdüngern geeignet, die von Mai bis August verabreicht werden. Da die Nährstoffkonzentration in den verschiedenen Produkten unterschiedlich ist, können keine generellen Angaben zur Aufwandmenge gemacht werden. Die jeweiligen Anwendungshinweise auf den Packungen sollten genau befolgt werden.

Ebenfalls gut geeignet sind ummantelte Depotdünger, wie z. B. Osmocote, die Ende April oder Anfang Mai einmalig verabreicht werden und die mehrere Monate lang gleichmäßig Nährstoffe freisetzen. Die benötigte Menge solcher Dünger liegt um 3 g/l Topfvolumen.

Bewässerung

Je nach Niederschlagsmenge und Wasservorrat im Boden kann eine Bewässerung nötig werden. Schon bevor die Pflanzen ihre Blätter hängen lassen, leiden sie massiv unter Trockenheit, besonders die Früchte können dadurch deutlich kleiner bleiben. Der Boden sollte sich im Wurzelbereich anfühlen wie ein feuchter, ausgedrückter Schwamm: ist er zu trocken, muss gewässert werden.

Dafür sollte man ein- bis zweimal pro Woche größere Wassermengen von etwa 10 l/m² spätabends, wenn die Verdunstung gering ist, langsam in den Boden einsickern zu lassen.

An sehr trockenen Standorten ist eine Bewässerungsanlage, z. B. eine Tropfbewässerung, empfehlenswert. Sie wird über eine Zeituhr gesteuert und am besten nachts eingeschaltet.

MEIN RAT

Um den Düngerbedarf festzustellen, zieht man am besten Bodenproben, die in einem anerkannten Labor – z. B. einer Landwirtschaftlichen Untersuchungs- und Forschungsanstalt (LUFA) – untersucht werden und auf deren Grundlage eine Düngungsempfehlung ausgesprochen wird. Besonders wichtig sind der pH-Wert (Kalkbedarf) sowie die Bodengehalte an Phosphat, Kalium und Magnesium.

Pflanzen in Töpfen und Kübeln müssen wegen ihres geringen Wurzelbereichs bei trockener Witterung regelmäßig gewässert werden, bei Bedarf täglich. Allerdings darf nicht vergessen werden, dass Löcher im Boden des Gefäßes vorhanden sind, über die überschüssiges Wasser ungehindert abfließen kann.

Bei der Bewässerung sollte man »klotzen, nicht kleckern«. Je nach Bedarf können eine oder mehrere Gießkannen mit Wasser pro Baum nötig sein.

Befestigung am Spalier

Form- und Spalierobstbäume benötigen Halt, der auf unterschiedliche Art und Weise geboten werden kann. Dabei darf man das durch einen reichen Fruchtbehang verursachte hohe Gewicht nicht unterschätzen.

Palissierstäbe

Bei der Anzucht müssen die zukünftigen Gerüstäste von Formobstbäumen an Stäbe

Das Wandspalier im Viereckmuster aus Holzlatten gibt dieser waagerechten Birnenpalmette Stabilität und sieht attraktiv aus.

gebunden oder, wie der Gärtner sich ausdrückt, geheftet werden. Früher wurde für diese wichtige Arbeit das französische Lehnwort »palissieren« benutzt. Dabei ist sehr wichtig, dass der Gerüstast gerade wächst. Der Abstand vom Stab darf nicht zu weit sein, aber er darf auch nicht extrem fest gebunden werden, weil dann das Dickenwachstum des Gerüstastes eingeschnürt würde. Dadurch würde sein Wachstum geschwächt, und nach einiger Zeit bräche er ab. Damit der Zweig nicht zu viel seitliches Spiel hat, sollte der Stab, an den er geheftet wird, nicht zu dick sein. Andererseits darf er aber auch nicht zu dünn sein, damit er nicht nachgibt. Früher wurden dafür Holzstäbe verwendet; Gaucher empfahl Ende des 19. Jahrhunderts 2,50 m lange Kiefern- oder Eichenholzstäbe in einer Stärke von 15–20 mm. Heute sind entsprechend dicke und lange Bambusstäbe am einfachsten und preisgünstigsten. Holzlatten sind zu dick.

Am besten ist es, zunächst 10–12 mm dünne, etwa 150 cm lange Bambusstäbe zu verwenden, um die Basisverzweigungen zu erziehen und später gegen 210–270 cm lange, 18 bis 20 mm dicke Stäbe auszutauschen. Diese Bambusstäbe werden dann zur Formierung an den im Folgenden beschriebenen Spalieren befestigt. Die Tragäste werden nur im Ausnahmefall (waagerechte Palmetten, waagerechte Schnurbäume) direkt am Spalier gezogen, sondern meist an den beschriebenen Bambusstäben, die dann an den horizontalen Spalierdrähten fixiert werden.

Wandspalier

Häufig werden Spalierobstbäume an Hauswänden gezogen, die sich dafür anbieten. Früher wurden allerdings für Obstspaliere auch extra Mauern gebaut, die manchmal gleichzeitig als Grundstücksbegrenzung dienten. Sie waren meist zwischen 2,50 m und 3,30 m hoch. Eine Standardmauer war 38 cm dick (1½ Backsteinstärken), aber sehr teuer.

Um Kosten zu sparen, wurden 38 cm oder 50 cm dicke Pfeiler gemauert, und die Felder dazwischen hatten nur eine Backsteinstärke (25 cm), waren aber an ihren Köpfen (oben) so breit wie der Pfeiler selbst. Die Entfernung zwischen den Pfeilern betrug maximal 3,50 m. Oben wurde auf beiden Seiten der Mauer eine insgesamt etwa 1 m breite Bedachung angebracht, darunter ein Abdach aus Brettern zum Schutz der Pflanzen vor Hagel.

An der Mauer befestigte man als Spalier ein Lattengerüst in Quadrat- oder Rautenform (Treillage) oder ein Drahtgerüst. Dafür wurden an einer glatten Mauer alle 3–4 m senkrechte Latten befestigt, damals mit Mauerkloben anstatt der heute üblichen Dübel. An Pfeilermauern wurde jeweils eine Latte an einem Pfeiler befestigt. In die Latten wurden dann Ringschrauben mit Ösen gedreht, durch die im Abstand von 35–50 cm horizontal die Drähte gezogen wurden. An jedem Draht war ein Drahtspanner befestigt, bei Drähten über 50 m Länge zwei Drahtspanner. Die beschriebenen Angaben von Gaucher können als Richtwerte sicher auch für heutige Hauswände übernommen werden.

Frei stehendes Spalier

Steht keine geeignete Wand oder Mauer zur Verfügung, kann auch ein frei stehendes Spalier aufgestellt werden. Dabei muss unbedingt das hohe Gewicht berücksichtigt werden, das auf solch einem Spalier lastet. Die Endpfähle mit den notwendigen Querverstrebungen finden im Boden allein meist nicht genug Halt, sodass am besten Metallstangen in Betonfundamente gesetzt werden. Besonders gut eignen sich verzinkte Eisenrohre. Zwischen die Endpfähle werden im Abstand von etwa 4 – 5 m Pfähle gesetzt, entweder Holzpfähle von mindestens

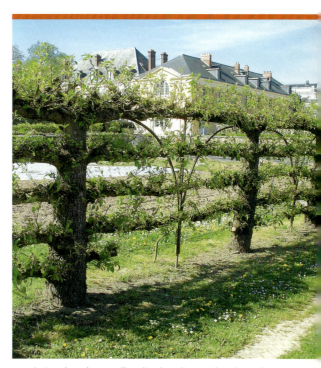

Das frei stehende Metallspalier hat dieser jahrzehntealten, waagerechten Palmette im Küchengarten von Versailles vor allem in den ersten Standjahren festen Halt gegeben.

6 cm Durchmesser, T-Eisen (35/40/5 mm) oder ebenfalls verzinkte Eisenrohre. Sie sollten etwa 2,70 m lang sein und 70 cm tief in den Boden gesenkt werden, sodass sie rund 2 m hoch aus diesem hervorragen.

Von Pfahl zu Pfahl sollen etwa 3 mm dicke, verzinkte oder ummantelte Drähte im Abstand von 30 bis 50 cm gezogen werden. Bei waagerechten Palmetten entspricht der Abstand der Drähte am besten dem Abstand der waagerechten Tragäste (meist 40 cm), bei schrägen Palmetten, U-Formen oder Verrier-Palmetten hängt der Abstand von dem der Tragäste ab. Wie schon bei den Wänden beschrieben, müssen die Drähte mit ein oder zwei Drahtspannern stramm gezogen werden.

Laubengänge

Im 19. Jahrhundert kamen Laubengänge (»Berceaux«) aus Obstbäumen auf, die ähnlich wie frei stehende Spaliere gebaut waren. Der Rahmen war meist aus T-Eisen konstruiert. Heute bieten sich verzinkte Stahlrohre an, wie sie auch für Folientunnel verwendet werden.

Die Bögen sollten etwa 4,50 m breit sein, an ihrem höchsten Punkt etwa 3,50 m hoch und 3 – 4 m Abstand voneinander haben. Zwischen den Bögen werden Längsbänder zur Stabilisierung befestigt, mindestens eins am Scheitelpunkt und eins an jeder Seite. Dazwischen werden im Abstand von 30 cm Drähte gespannt.

Ein stabiles Eisengerüst gibt diesem Laubengang im botanischen Garten »De Kruidhof« in Buitenpost aus waagerechten Palmetten Halt, so dass die Äste auch zur Erntezeit nicht brechen.

Das richtige Bindematerial

Früher wurden die Tragäste der Formobstbäume mit Weidenzweigen, Binsen, Stroh,
Erdbeerranken, Wegerichstängeln und ähnlichen Pflanzenteilen an die Spaliere gebunden.
In Montreuil bei Paris soll es auch üblich gewesen sein, sie mit Tuchlappen und Nägeln
direkt an die Wand zu heften.

Auch heute noch werden von geübten Gärtnern
Weidenzweige verwendet.

An einfachsten ist allerdings wohl das Anbinden
mit Bast, Sisalband und Hohlschnur. Die jüngs-
ten und dünnsten Zweige werden am besten
mit Naturbast an die Bambusstäbe geheftet.
Naturbast ist leicht zu verarbeiten und hat den
Vorteil, dass er nach einigen Monaten verrottet.

Dadurch ist die Gefahr sehr gering, dass ein
Band einschneidet, weil es übersehen und
nicht gelöst wurde. Für dickere Äste kann Sisal-

band (»Strohband«) verwendet werden, das
fester ist als Bast, aber ebenfalls nach ein paar
Monaten verrottet. Beim Schnitt im Frühjahr
wird es jedes Jahr ersetzt. Hauptäste können
auch mit Kokosschnur befestigt werden, die
mehrere Jahre hält. Nur die Bambusstäbe sollten am Spalier mit dauerhafterem Befestigungs-
material fixiert werden, am besten einer Hohlschnur (Polyschlauch), die elastisch ist, mehrere
Jahre lang hält und sich sehr gut verarbeiten
lässt.

Natürlich können Gerüstäste auch mit dauer-
haftem synthetischem Band wie Kunstbast oder
sogar Draht oder Kabelbindern befestigt
werden. Allerdings müssen die Befestigungen
dann regelmäßig jährlich mit einem Messer
oder einer Schere gelöst und erneuert werden,
damit sie nicht einschneiden.

MEIN RAT

Die Erfahrung lehrt, dass Bänder leicht
übersehen werden, wenn sie nach
einigen Monaten von einem leichten
Algenbelag überzogen sind und dann
später Schäden durch Einschnürung
verursachen können. Daher sollten zur
Befestigung der Zweige keine Materialien
aus Kunststoff verwendet werden, die
auch noch nach Jahren fest sind.

**Mit solchen Bindeweiden können Spalierbäume
gut befestigt werden.**

Schnitt- und Pflegekalender

Januar   Kontrolle auf Nagetierschäden. Frische Fraßschäden mit Wundverschlussmitteln verstreichen.

Bei Bedarf Schattierung gegen Frost

Februar   Kontrolle auf Nagetierschäden. Frische Schäden mit Wundverschlussmitteln verstreichen.

Bei Bedarf Schattierung gegen Frost oder Kontrolle des Stammanstriches und bei Bedarf Erneuerung. Besondere Frostgefahr im Februar!

Ab Ende Februar zum Knospenschwellen bei Bedarf Fungizidspritzungen gegen Kräuselkrankheit bei Pfirsichbäumen

März   Winterschutz entfernen, eingeschlagene Kübelpflanzen aus dem Winterquartier holen.

Anfang März bis Anfang April: **Winterschnitt**. Dabei Bänder kontrollieren, wenn nötig, lösen und ersetzen. Wenn vorhanden, Fruchtmumien von Bäumen und auch vom Boden entfernen. Kranke Zweige entfernen.

Günstiger Pflanzzeitpunkt; bei Gefahr von Wühlmausbefall Drahtkörbe nicht vergessen.

Bodenproben ziehen zur Ermittlung des Düngerbedarfs

Günstiger Zeitpunkt zum Veredeln (Kopulation/Geißfuß)

April   Düngung

Nach der Blütezeit Ende April/Anfang Mai:

Bei Bedarf Fungizideinsatz gegen Birnengitterrost

Wenn vorhanden, Triebe mit Befall von Echtem Mehltau entfernen.

Bei Spätfrostgefahr zur Blütezeit Pflanzen, wenn möglich, abdecken.

Mai   Ende Mai **Beginn von Sommerschnitt und Formierungsarbeiten** wie das Biegen von U-Formen; Heften von Triebverlängerungen

Juni   Sommerschnitt und Formierungsarbeiten

Bei zu starkem Fruchtansatz ab Ende Juni (nach dem Junifall) Fruchtausdünnung

Wenn nötig, ab Ende Juni Wellpappegürtel gegen Apfelwickler anlegen

Juli	Sommerschnitt und Formierungsarbeiten
	Günstiger Zeitpunkt zum Veredeln (Okulation)
	Bei Bedarf bewässern
August	Sommerschnitt und Formierungsarbeiten
	Ernte der sehr frühen Apfel- und Birnensorten (Sommersorten)
	Bei Bedarf bewässern
September	Bei Bedarf letzte Sommerschnittmaßnahmen
	Ernte der frühen Apfel- und Birnensorten (Herbstsorten)
Oktober	Ernte der späten Apfel- und Birnensorten (Wintersorten)
November	Günstiger Pflanzzeitpunkt, bei Gefahr von Wühlmausbefall Drahtkörbe nicht vergessen.
	Laub von Apfelbäumen mit Schorfbefall entfernen
Dezember	Winterschutz vorbereiten, evtl. weißen Stammanstrich aufbringen
	Pflanzen in Töpfen oder Kübeln in den Boden einsenken oder mit einer dicken Schicht Isoliermaterial umwickeln

Bezugsquellen

Obstbäume, Formobstbäume und Schnittwerkzeuge werden in vielen Gartencentern und Baumschulen angeboten. Achten Sie beim Kauf nicht nur auf den Preis, sondern auch auf die Qualität sowie eine fachkundige Beratung! Listen von Anbietern in Deutschland, Österreich und der Schweiz finden Sie unter anderem unter:

www.bund-deutscher-baumschulen.de

www.gartenbaumschulen.com/betriebe.php

www.baumschulinofo.at

www.vsb.ch

Weitere wertvolle Informationen finden Sie unter:

www.pomologen-verein.de

www.garten-akademien.de

Literatur

Beccaletto, Jacques, und Denis Retournard: Obstgehölze erziehen und formen. Stuttgart 2007

Freriks, Jan M.: De teelt van Leifruitbomen. Niederlande 1997

Gaucher, Nicolas: Praktischer Obstbau. 2. Aufl. Berlin 1897

Kuitert, Wybe, und Jan Freriks: Hovenierskunst in Palmet en Pauwstart. Rotterdam 1994

Link, Hermann: Lucas' Anleitung zum Obstbau. 32. Aufl. Stuttgart 2002

Lucas, Eduard und Friedrich Lucas: Die Lehre vom Baumschnitt. 7. Aufl. Stuttgart 1899

Pekrun, Arthur: Rationeller Schnitt aller Obstbauformen. 70.–100. Tausend, Erfurt o. J.

Über Antiquariate oder das Internet (z. B. www.zvab.com) sind übrigens auch alte, aber immer noch empfehlenswerte, häufig reich illustrierte Standardwerke von Gaucher, Lucas, Pekrum und anderen Pionieren des Formobstschnittes zu erschwinglichen Preisen erhältlich.

Stichwortverzeichnis

Seitenzahlen mit * verweisen auf Abbildungen

Bildnachweis

Beltz C.: 10, 11, 24, 45, 47, 50, 62, 93, 117, 118, 119
Beltz H.: 1, 2/3, 4, 5, 6/7, 9, 18, 19, 22, 23 l., 23 r., 26, 27, 31, 33, 35, 36, 38, 39, 40, 41, 42, 43, 46, 48, 51, 53, 55, 56 r., 56 l., 59, 64/65, 66, 67 r., 67 l., 68 r., 68 l., 69, 70, 72/73, 74 r., 74 l., 75, 76 l., 78 r., 77 alle, 80, 82, 83, 86 r., 86 l., 87, 88 r., 88 l., 91 alle, 95, 96 r., 96 l., 97, 98, 99, 100/101, 102, 103, 104, 105, 106, 107, 108, 109, 110, 111, 112, 113, 114, 115, 116
Beltz U.: 21, 30, 58, 94
Brunken: 14, 15, 37
Flora Press/BIOSPHOTO: 16/17
Flora Press/Practical Pictures: 28/29
Flora Press/Ursula Pechloff: 84/85
Wiehler: 44

Grafiken:
Heidi Janiček: 40, 41, 52, 57

Die historischen Darstellungen auf den Seiten 12, 60, 61 und 63 wurden entnommen aus:
Gaucher's Praktischer Obstbau, Verlagsbuchhandlung Paul Parey, Berlin, 1897

Über den Autor

Heinrich Beltz absolvierte nach seiner Ausbildung als Baumschul-Gärtner ein Gartenbau-Studium. Heute ist er Versuchsleiter für den Bereich Baumschule an der Lehr- und Versuchsanstalt für Gartenbau Bad Zwischenahn der Landwirtschaftskammer Niedersachsen. Seine Leidenschaft gilt den Themen Formobst und Formgehölze.

Impressum

Bibliografische Information der Deutschen Nationalbibliothek

Die Deutsche Nationalbibliothek verzeichnet diese Publikation in der Deutschen Nationalbibliografie; detaillierte bibliografische Daten sind im Internet über http://dnb.d-nb.de abrufbar.

BLV Buchverlag
GmbH & Co. KG

80797 München

© 2012 BLV Buchverlag GmbH & Co. KG, München

Umschlaggestaltung: Kochan & Partner, München
Umschlagfotos:
Vorderseite: Flora Press/BIOSPHOTO/ Aufnahmeort: »Malicorne Garden«
Rückseite: Heinrich Beltz

Programmleitung Garten: Dr. Thomas Hagen
Lektorat: Redaktionsbüro Wolfgang Funke, Augsburg
Herstellung: Angelika Tröger
Layoutkonzept Innenteil: Kochan & Partner, München
DTP: Satz+Layout Fruth GmbH, München

Gedruckt auf chlorfrei gebleichtem Papier

Printed in Germany
ISBN 978-3-8354-0921-7

Hinweis
Das vorliegende Buch wurde sorgfältig erarbeitet. Dennoch erfolgen alle Angaben ohne Gewähr. Weder Autor noch Verlag können für eventuelle Nachteile oder Schäden, die aus den im Buch vorgestellten Informationen resultieren, eine Haftung übernehmen.